MEIN NATURFÜHRER

Text: Xavier Japiot
Illustrationen: Maud Bihan

INSEKTEN

ENTDECKEN ★ BESTIMMEN ★ SCHÜTZEN

ULLMANN

Inhalt

ERSTAUNLICHE INSEKTEN

Schau mich mal genau an!

Ein Insekt hat 6 Beine und 2 Fühler sowie einen Körper, der in 3 Teile gegliedert ist. Das Wort „Insekt" leitet sich vom lateinischen Begriff *insectus* ab und bedeutet „geschnitten". Ebenso wie das ältere Wort „Kerbtiere" für Insekten bezieht es sich darauf, dass der Körper vieler Insektenarten beim Übergang von Brust zu Hinterleib wie eingeschnitten wirkt. Das altgriechische Wort für Insekt ist *entomos*, es bedeutet ebenfalls „geschnitten". Von diesem altgriechischen Wort ist die Bezeichnung „Entomologie" für Insektenkunde abgeleitet.

Insekten sind Tiere, die zur **Klasse der Insekten** gehören. Diese wird dem **Stamm der Gliederfüßer** zugerechnet. Insekten sind wirbellose Tiere, kurz: Wirbellose, sie haben also keine Wirbelsäule. Die Haut aller Insekten besteht aus Chitin: Dieses Protein ist mit dem Keratin verwandt, aus dem unsere Haare und Fingernägel bestehen.

Der Körper eines Insekts ist deutlich in 3 Teile gegliedert: Am **Kopf** befinden sich Sinnesorgane (Augen, Fühler), Mundöffnung und Mundwerkzeuge. Die **Brust**, auch Thorax genannt, setzt sich aus 3 Segmenten zusammen. Jedes davon ist mit einem Beinpaar ausgestattet (insgesamt also 6 Beine), die beiden letzten Segmente verfügen außerdem über je ein Flügelpaar. Die Rückenseite der Brust wird als Halsschild bezeichnet. Der **Hinterleib** setzt sich ebenfalls aus Segmenten zusammen. An seinen Seiten sind kleine Löcher, durch die das Insekt atmet.

Körperbau eines Insekts

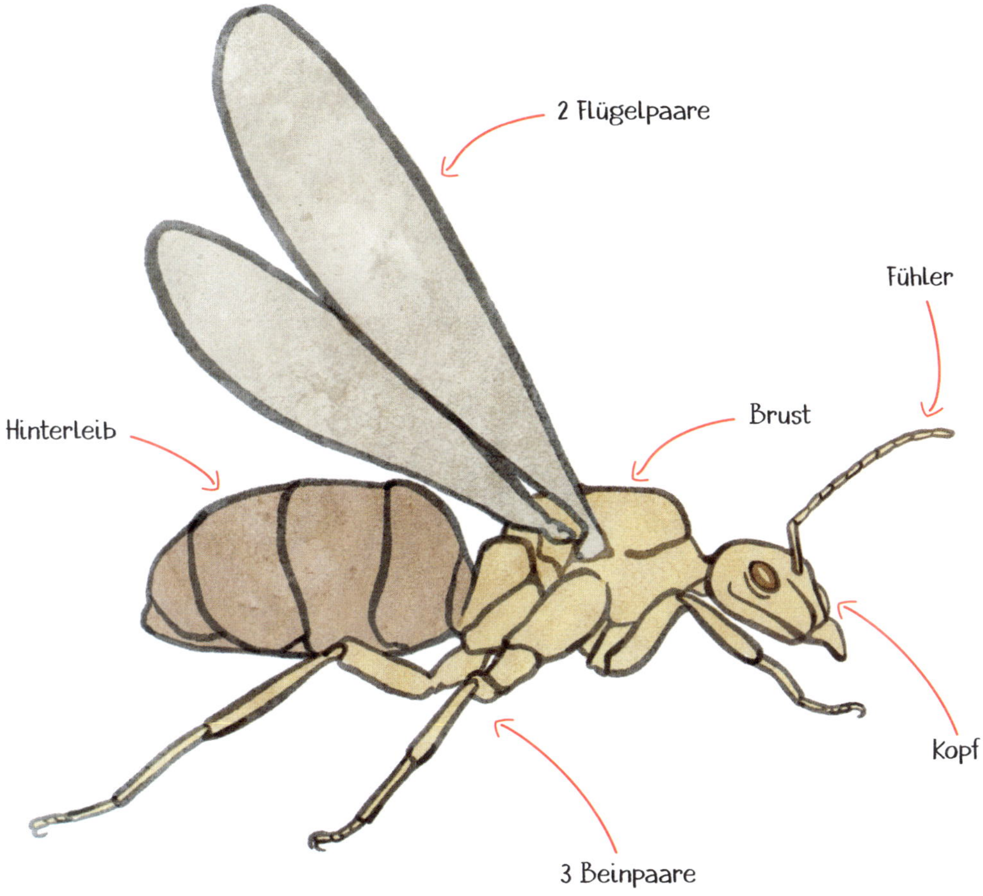

Gliederfüßer

Dem Stamm der Gliederfüßer gehören über die Hälfte der auf der Erde lebenden Arten an. Gliederfüßer sind unter anderem die Tausendfüßer, die Krebstiere, die Spinnentiere und die Insekten.

- **Insekten haben 6 Beine und 2 Fühler.** Außerdem sind sie die einzigen Wirbellosen, die Flügel besitzen und deshalb fliegen können. Allerdings gibt es auch etliche flügellose und damit flugunfähige Insekten, darunter das Silberfischchen.
- **Spinnentiere haben 8 Beine und keine Fühler.** Dieser Klasse gehören 11 Ordnungen an. Zu den bekanntesten von ihnen zählen die Milben (Zecken, Grasmilben), die Spinnen, die Weberknechte, die Pseudoskorpione und die Skorpione.
- **Krebstiere haben 10 bis 14 Beine und 4 Fühler.** Die Krabben, Langusten, Hummer, Garnelen und Flusskrebse haben 10 Beine (5 Paare). Die Landasseln, Wasserasseln und Flohkrebse haben 14 Beine (7 Paare). Sämtliche Krebstiere atmen wie Fische mit Kiemen, unabhängig davon, ob sie an Land oder im Wasser leben. Eine Teilklasse stellt innerhalb des Unterstamms der Krebstiere eine Ausnahme dar: Die Rankenfußkrebse besitzen gar keine Beine.
- **Myriapoden haben 30 bis 752 Beine.** Die Spinnenläufer und Steinläufer besitzen 30 Beine (15 Paare). Die Saftkugler, die den Landasseln ähneln (die aber wiederum Krebstiere sind), verfügen über 34 bis 38 Beine, während der bis zu 22 cm lange Hundertfüßer 354 Beine hat (er kommt weltweit vor und ist giftig). Den Rekord hält der in Kalifornien lebende *Illacme plenipes*, der bis zu 752 Beine besitzt!

LEBEN ALS INSEKT

- **Schützender Panzer**

  Ein Insekt ist ein **wirbelloses** Tier, also ein Tier, das keine Wirbelsäule hat. Dies bedeutet jedoch nicht, dass ihm das Skelett fehlt. Denn alle Gliederfüßer besitzen ein **Außenskelett** (Exoskelett), während alle Wirbeltiere (das sind die Säugetiere, Vögel, Reptilien, Amphibien und Fische) ein **Innenskelett** (Endoskelett) haben. Der Panzer der Insekten besteht ausschließlich aus Chitin.

- **Atmen**

  Alle Insekten, also sowohl die erwachsenen Tiere als auch Jugendformen wie Larven und Raupen, atmen durch kleine Löcher an den Seiten von Brust und Hinterleib. Diese Löcher nennt man Atemöffnungen oder **Stigmen**. Durch die Stigmen wird Sauerstoff aufgenommen, der sich über ein verzweigtes Kanalsystem (**Tracheen**) im Körper verteilt.

- **Fliegen**

  Je nach Art sowie Entwicklungsstadium besitzen Insekten **keine, 2 oder 4 Flügel**. So verfügen bei den Ameisen nur die männlichen Tiere und die Königinnen in der Paarungszeit über Flügel, während die Arbeiterinnen keine Flügel haben.

Fliegen zählen zu den Zweiflüglern (Diptera), einer Ordnung von Insekten mit 2 Flügeln. Allerdings befindet sich hinter ihrem voll ausgebildeten Flügelpaar ein zweites verkümmertes Paar, mit dem sie sich im Flug ausbalancieren.

Die Insekten dieser Welt

Uns sind zwischen 800 000 und 1 Million Insektenarten bekannt. Damit stellen die Insekten 70 Prozent aller bekannten Arten von Lebewesen (also sowohl der Pflanzen- als auch der Tierwelt) beziehungsweise ungefähr 85 Prozent sämtlicher Tierarten.

Die **Käfer** (z. B. Maikäfer, Marienkäfer) und die **Schmetterlinge** (Tag- und Nachtfalter) sind die beiden artenreichsten Ordnungen der Insekten, mit 350 000 bis 400 000 Arten (Käfer) und 150 000 bis 170 000 Arten (Schmetterlinge).

Zu den **sozialen Insekten** zählen die Wespen, Bienen, Hummeln, Ameisen und Termiten. Sie stellen 2 Prozent der heute lebenden Tierarten. Alle **Ameisen** der Welt wiegen so viel wie alle Menschen!

Die Liste der Insektenarten ist immer noch unvollständig, denn Fachleute schätzen, dass es vermutlich mindestens 3 Millionen, vielleicht sogar 30 Millionen verschiedene Arten von Insekten gibt. Somit wären zwischen 70 und 97 Prozent der Insektenarten erst noch zu entdecken. Jedes Jahr finden und beschreiben Forscher ungefähr 7000 Insektenarten. Doch Klimaerwärmung und Umweltzerstörung bewirken, dass zahlreiche Arten ausgestorben sein werden, noch bevor wir sie entdeckt haben.

INTERESSANT!

Das Gewicht sämtlicher auf unserem Planeten lebender Insekten ist 12-mal größer als das der gesamten menschlichen Weltbevölkerung.

In **Deutschland** leben 30 000 bekannte Arten, also ungefähr halb so viele wie in ganz Europa. Aber wahrscheinlich gibt es mehrere weitere Tausend, die wir noch gar nicht kennen. Über 15 Prozent der Insekten sind Schmetterlinge. Die Zahl der in Deutschland vorkommenden Schmetterlingsarten wird auf ungefähr 3700 geschätzt. Davon sind etwa 190 Tagfalterarten, die große Mehrheit Nachtfalterarten.

ECHT SCHARFE SINNE

Geschmackssinn

Damit Insekten schmecken können, ob etwas süß und deshalb nahrhaft ist, haben sie an den Enden ihrer Mundwerkzeuge Geschmacksrezeptoren. Das sind spezielle Zellen, die Sinnesreize wahrnehmen können. Weitere **Geschmacksrezeptoren** befinden sich an den Enden ihrer Beine. Weibchen setzen sie ein, um zu „schmecken", ob sich das Blatt, auf dem sie sitzen, als Nahrung für den Nachwuchs und damit als Untergrund für die Eiablage eignet. So trippelt das Kohlweißling-Weibchen vor der Eiablage so lange auf den Kohlblättern herum, bis es das ätherische Öl dieser Pflanze „schmeckt".

Manche Insekten sind in der Lage, Zucker in Lösungen wahrzunehmen, die 400-mal stärker verdünnt sind als Lösungen, in denen Menschen Zucker gerade noch wahrnehmen können.

Geruchssinn

Insekten nehmen Gerüche mit ihren **Fühlern** wahr.

1961 in Deutschland durchgeführte Experimente zeigten, dass ein Männchen der Schmetterlingsart Kleines Nachtpfauenauge in der Paarungszeit über seine Fühler den Geruch eines 11 km entfernten Weibchens wahrnehmen kann. Eine erstaunliche Leistung! Von allen Lebewesen besitzt dieser Schmetterling den am höchsten entwickelten Geruchssinn.

Ein Schmetterling der Art Admiral kann Zucker 200-mal besser riechen als ein Mensch.

Ameisen markieren ihre Wege, indem sie darauf eine duftende Flüssigkeit verspritzen. Dank ihrer Fühler finden sie danach immer wieder an ihr Ziel, ob es nun eine Nahrungsquelle oder aber ihr Ameisennest ist.

Tastsinn

Sämtliche äußeren Teile des Insektenkörpers sind mit Tastzellen ausgestattet: der Kopf ebenso wie die Brust, der Hinterleib, die Beine, die Flügel und die Fühler.

Gehör

Nur diejenige Insekten, die selbst in der Lage sind, Geräusche zu erzeugen, verfügen auch über die Fähigkeit zu hören.
Laubheuschrecken und Grillen nehmen die von Artgenossen verursachten Geräusche über Trommelfelle wahr, die nicht wie bei uns am Kopf, sondern an den Schienen, also an dem mittleren Teil der Vorderbeine liegen. Bei Feldheuschrecken und Schmetterlingen sitzen sie an der Brust oder vorne am Hinterleib.

Bei Zikaden ist diese feine Membran (ein dünnes Häutchen) an der Unterseite des Hinterleibs zu finden.

Sehvermögen

Die meisten Insekten haben am Kopf zwei **Facettenaugen** sowie drei kleinere und einfache, im Dreieck angeordnete **Punktaugen**. Mit den Facettenaugen, die ihnen einen Panoramablick ermöglichen, nehmen sie jede Bewegung in ihrer Umgebung wahr. Die Punktaugen dagegen bemerken Licht und Schatten.

Insekten nehmen den Großteil der Farben wahr, mit Ausnahme der Farbe Rot. Sie sehen im Unterschied zu uns auch ultraviolettes

Licht. Zweiflügler (Fliegen und Mücken) sind empfänglicher für Gelb (deshalb sind Klebefallen für diese Insektenarten gelb) und ultraviolettes Licht (was Menschen dazu veranlasste, elektrische Insektenfallen mit UV-Licht zu erfinden). Schmetterlinge sehen besonders gut die Farben Blau, Violett und Weiß.

LIEBLINGSFARBEN

Wenn du deinen Balkon oder Garten für Insekten attraktiv machen willst, solltest du vor allem gelbe, violette und blaue Blumen pflanzen. Erkläre deinen Eltern, dass sie lieber keine Gartenmöbel in diesen Farben anschaffen sollten, weil diese nur Insekten anlocken, die ihr vielleicht nicht so gern um euch habt, wie zum Beispiel Wespen, Hornissen, Bremsen und Mücken. Grün ist eine bessere Farbe, weil sie neutraler ist.

Dank ihrer Facettenaugen erkennt eine Libelle ein Beutetier in bis zu 10 m Abstand. Einzelheiten kann sie dann allerdings nicht sehen.

INTERESSANT!

Bienen nehmen die Farbe Rot nicht wahr, dafür aber ultraviolettes Licht (UV-Licht).

In ultraviolettem Licht, das man auch Schwarzlicht nennt, erscheinen die Blumen anders, als wir sie sehen: Ihre Blütenblätter wirken im UV-Licht nicht einfarbig, sondern lenken die Insekten durch ihre Farbabstufungen zu Nektar und Pollen hin. Im UV-Licht zeigt sich am Blütenblatt ein dunkler Fleck, den wir Menschen nicht sehen können. Oder aber es zeigen sich Streifen, die für das Insekt zu einer Art optisch markierten Landebahn werden.

Der Gesang der Insekten

Insekten singen nicht wirklich, denn die „Musik“, die sie erzeugen, kommt nicht aus ihrem Mund. Die Geräusche, die Grillen, Heuschrecken und Zikaden hervorbringen, bezeichnet man als **Zirpen**. Das Zirpen setzt sich aus hohen Tönen zusammen, die durch das Aneinanderreiben von zwei Oberflächen entstehen. Es dient der Kommunikation zwischen Artgenossen: Es lockt Weibchen an und soll Rivalen vom eigenen Revier fernhalten.

Die Arten aus der Ordnung der Heuschrecken (zu denen auch Heupferde und Grillen zählen) bringen die größte Vielfalt an Geräuschen hervor. Die einzige andere Insektengruppe, die da mithalten kann, sind die Zikaden.

Heupferde, **Grillen** und **Maulwurfsgrillen** zirpen, indem sie ihre beiden Vorderflügel gegeneinander reiben.

Dabei vibrieren die Vorderflügel der **Grillen** durchschnittlich 4200-mal pro Sekunde. Das so entstehende Zirpen ist 4-mal so hoch wie der höchste Ton, den Menschen überhaupt wahrnehmen. Das bedeutet, das wir von dem Zirpen dieser Insekten nur einen winzigen Teil hören können. **Grashüpfer**-Männchen reiben, um zu zirpen, die langen Hinterbeine gegen die Kanten der Vorderflügel.

Männliche **Zikaden** dagegen zirpen mithilfe eines sogenannten Trommelorgans am Hinterleib. Es besteht aus Singmuskeln, Schallplättchen und einem Luftsack, der als Resonanzkörper dient, indem er die bei der Bewegung der Schallplättchen entstehenden Töne verstärkt. Nur die Männchen zirpen, und das ziemlich genau einen Monat lang. In dieser Zeit locken sie Weibchen an, paaren sich … und sterben.

Als einziges Insekt der Welt ist der **Totenkopfschwärmer** in der Lage, mit seiner Kehle Laute zu erzeugen – etwas, zu dem eigentlich nur Wirbeltiere (zu denen auch wir Menschen gehören) imstande sind. Oben in seinem Rachen gibt es ein winziges Plättchen, das in Schwingungen versetzt werden kann, sodass ein Ton mit einer

DIE LAUTESTE VON ALLEN

Die afrikanische Zikadenart *Brevisana brevis* gilt als die lauteste Zikade der Welt, denn sie erzeugt Töne, bei denen in einem halben Meter Abstand noch 106,7 Dezibel gemessen werden. Das ist so laut wie ein Rasenmäher, den man aus 1 Meter Abstand hört.

Frequenz von 280 Hertz und einer Intensität von 20 Dezibel erzeugt wird, sobald der Schwärmer mit seinem Saugrüssel Luft einsaugt. Der Ton klingt ein bisschen wie leises Mäusequieken und soll Fressfeinde vertreiben.

Das Sirren, mit dem Mücken uns nachts wachhalten, entsteht durch das Vibrieren ihrer Flügel. Wir Menschen machen daraufhin das Licht an und versuchen, den kleinen Störenfried zu erwischen. Für Mücken ist das Flügelsirren wichtig. Mücken-Männchen erkennen daran, ob ein Weibchen bereits befruchtet ist oder nicht. Ein in seinem Körper Eier tragendes Weibchen ist schwerer, und deshalb klingt sein Flügelsirren anders.

So machen Insekten „Musik“

Zikaden	Vibrationen des Trommelorgans
Maulwurfsgrille	Vorderflügel / Vorderflügel
Grashüpfer	Vorderflügel / Schiene des Hinterbeins
Grille	Vorderflügel / Vorderflügel
Heupferd	Vorderflügel / Vorderflügel
Totenkopfschwärmer	Ausstoßen von Luft durch den Saugrüssel

Die Kunst der Verkleidung

Zum Schutz vor Fressfeinden haben bestimmte Schmetterlinge sowie viele andere Insektenarten eine Strategie entwickelt, die es ihnen ermöglicht, sich in ihrem Lebensraum praktisch unsichtbar zu machen. Diese Strategie nennt man **Mimikry**.

Andere Insekten haben sich im Laufe ihrer Evolution auf eine andere Strategie verlegt: die **Warnfärbung**. Hier die bekanntesten Beispiele:

	VORSICHT: Ich steche!	Beispiele: Wespe, Hornisse
	VORSICHT: Ich schmecke eklig!	Beispiele: Siebenpunkt-Marienkäfer, Streifenwanze, Sechsfleck-Widderchen

Eine Meise, die eine Wespe fängt und gestochen wird, merkt sich: „Schwarz und Gelb sticht ganz gemein!“ Und falls die Meise eine Streifenwanze erwischt, wird sie sie schnell wieder loslassen und wissen: „Schwarz und Rot ist ungenießbar.“

Allerdings gibt es auch in der Welt der Insekten Betrüger, die weder schmerzhaft stechen können noch ungenießbar sind und doch so aussehen, als sollte man sich besser von ihnen fernhalten. Dazu zählen die harmlosen schwarz-gelben Schwebfliegen und der äußerlich einer Hornisse ähnelnde schwarz-gelbe Schmetterling Hornissen-Gelbflügler.

ERNÄHRUNG

Fressen und gefressen werden

Es gibt sehr viele Tiere, die sich auch oder ausschließlich von Insekten ernähren. So vertilgen bestimmte Vogelarten besonders viele Insekten und sorgen dafür, dass diese nicht Überhand nehmen. Ein einziger Mauersegler frisst innerhalb von 4 Wochen 500 bis 600 g Insekten.

Ein Gelege von 5 Eichelhäher-Küken verputzt in den 3 Wochen, in denen sie im Nest aufwachsen, ungefähr 25 000 Insekten.

Schätzungen zufolge fängt ein Kohlmeisenpärchen in den 3 Wochen, in denen es seine Jungen ernährt, 7000 bis 8000 Insekten, darunter vor allem Raupen.

Sämtliche europäische **Fledermausarten**, von denen es in Deutschland 25 gibt, sind Insektenfresser. Von Mitte Mai bis Mitte Oktober kann eine einzige Fledermaus insgesamt 60 000 Mücken mit einem Gesamtgewicht von etwa 2 kg fressen.

Was ist ein bestäubendes Insekt?

Ein bestäubendes Insekt oder kurz Bestäuber ist ein Insekt, das Pollen (also Blütenstaub) von den Staubblättern (männliche Teile der Blüte) zum Stempel (weiblicher Teil der Blüte) befördert. Das Pollenkorn treibt einen Pollenschlauch aus, der in Richtung Eizelle wächst und dort die Spermienzellen freigibt. Auf diese Weise ermöglicht das bestäubende Insekt die Verwandlung einer Blüte in eine Frucht.

Blühpflanzen (Samenpflanzen) und Insekten haben sich von Anfang an auf unserem Planeten parallel entwickelt. Sie brauchen sich gegenseitig, um zu überleben.

Die wichtigsten **bestäubenden Insekten** sind die Hautflügler oder Hymenoptera (z. B. Bienen, Hummeln), die Schmetterlinge oder Lepidoptera und die Zweiflügler oder Diptera (z. B. Fliegen, Schwebfliegen).

Die enge Beziehung zwischen den Samenpflanzen und den bestäubenden Insekten zeigt, wie sich Lebewesen auf unserem Planeten gegenseitig bedingen. Sie erinnert uns daran, dass auch wir Teil der Natur sind und dass unser Schicksal mit dem aller anderen Lebewesen untrennbar verbunden ist.

INTERESSANT!

Ungefähr 80 Prozent der bei uns blühenden Pflanzen werden von Insekten bestäubt. Dass du Obst essen kannst, verdankst du also den Insekten.

Taubenschwänzchen

LEBENSZYKLUS

Fortpflanzung

Bei den meisten Insektenarten gibt es sowohl Männchen als auch Weibchen. Es existieren aber auch Arten, die sich eingeschlechtlich durch **Jungfernzeugung** vermehren können. Allerdings entstehen auf diese Weise nur weibliche Nachkommen. Zu den Arten, die sich so vermehren, zählen viele Blattläuse und Rüsselkäfer.

Lebenszyklus eines Schmetterlings

- **Ei**

  Dauer des Stadiums (bis zum Schlüpfen):
  Sofern das Tier nicht im Ei-Stadium überwintert (6 bis 8 Monate lang), dauert die Entwicklung im Ei 1 bis 3 Wochen.
  Anzahl der von einem Weibchen gelegten Eier: 25 bis 10 000 Stück

- **Raupe**

  Dauer des Stadiums: Sofern das Tier nicht in diesem Stadium überwintert (6 bis 8 Monate lang), dauert das Raupen-Stadium einige Tage bis mehrere Wochen.
  Ernährung: Blätter, zarte Rinde, Blüten, Knospen
  Wachstum: Anders als das erwachsene Insekt wächst die Raupe stetig. Sie wird immer dicker und häutet sich 3- bis 5-mal (in Ausnahmefällen sogar bis zu 10-mal). Jeder Häutung geht eine Ruhephase von ungefähr 2 Tagen voraus, in der die Raupe nicht frisst.

- **Puppe**

  Dauer des Stadiums: Sofern das Tier nicht in diesem Stadium überwintert (6 bis 8 Monate lang), dauert das Puppen-Stadium 15 bis 20 Tage.

Lebenszyklus des Admirals

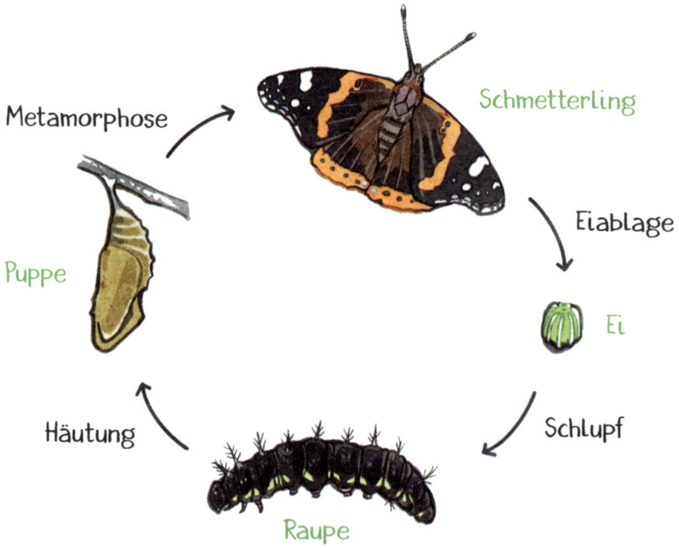

Schlupf: Ein Schmetterling braucht gut 10 Minuten, um sich aus seiner Puppenhülle zu befreien.

Wachstum: Nachdem die Verpuppung erfolgt ist, wächst das Insekt nicht mehr.

- **Erwachsener Schmetterling (Imago)**

Dauer des Stadiums: Im Durchschnitt 2 bis 3 Wochen, es sei denn, diese Art überwintert im erwachsenen Stadium (6 bis 8 Monate lang).

Ernährung: Nektar, Saft überreifer Früchte, andere zuckerhaltige Substanzen, Saft bestimmter Baumarten, Wasser. Manche Arten ernähren sich von Flüssigkeiten, die aus Kadavern oder aus Kot sickern. Es gibt aber auch Arten, deren erwachsene Tiere keinen Saugrüssel besitzen und sich daher nicht ernähren können. Dazu zählen unter anderem Seidenspinner und Nachtpfauenauge.

Schlupf: Nachdem sich der Schmetterling aus seiner Puppe befreit hat, hängt er sich an einen Zweig oder Stängel. Nach 10 bis 15 Minuten (mitunter auch länger) haben sich die Flügel vollständig entfaltet. Dies geschieht durch das in die Adern gepumpte Blut, das sie nährt und festigt.

Dauer des Trocknens der Flügel: Es dauert zwischen 20 Minuten und 2 Stunden, bis die Flügel steif und trocken sind. Danach kann der Schmetterling davonfliegen.

Wachstum: Anders als die Raupe wächst der erwachsene Schmetterling nicht mehr.

Dauer der Paarung: Je nach Art 20 Minuten bis hin zu mehreren Stunden, in denen die Schmetterlinge unbeweglich bleiben. Oft kehren sie einander dabei den Rücken zu.

SCHMETTERLINGSFLÜGEL

Schmetterlingsflügel sind mit bunten Schuppen bedeckt (50 bis 500 pro mm^2). Nur wenn sie abfallen, werden sie ersetzt. Die Schuppen speichern Sonnenwärme und unterstützen die Flugfähigkeit. Bei den Tagfaltern helfen die unterschiedlichen Färbungen den Tieren, Partner derselben Art zu finden.

Lebenserwartung anderer Insekten

Die Insekten der meisten Arten leben nicht länger als 1 Jahr. Es gibt jedoch auch langlebigere und kurzlebigere Arten. Eine Termitenkönigin kann 15 Jahre alt werden, eine Honigbienenkönigin 5 Jahre, eine Hornissenkönigin dagegen wird kaum ein Jahr alt. Eintagsfliegen leben in ihrem Erwachsenenstadium nur ein paar Stunden. Sie haben gerade Zeit, einen Balztanz aufzuführen, sich zu paaren und (sofern sie Weibchen sind) Eier abzulegen, bevor sie sterben.

Die Häutung

Weil das Außenskelett aus Chitin starr ist, können Insekten in ihm nicht wachsen. Deshalb müssen sie, um größer werden zu können, von Zeit zu Zeit die starre Außenhaut abstreifen. Diesen Vorgang bezeichnet man als Häutung. Während der Häutung sind Insekten weich und verletzlich.

INSEKTEN SCHÜTZEN

Die Rolle der Insekten im Ökosystem

In ihren Ökosystemen kommen den Insekten sehr wichtige Aufgaben zu.

- **Bestäubende Insekten**
  Insekten, die auf der Suche nach Nektar von Blüte zu Blüte fliegen, tragen dabei Pollen von einer Blüte zur nächsten. Sie bestäuben die Blüten mit Pollen, sodass sich aus den weiblichen Blütenteilen Früchte entwickeln. Ohne bestäubende Insekten gäbe es keine Äpfel, Birnen, Kirschen, Mirabellen, Aprikosen, Pfirsiche oder Pflaumen!
- **Insekten in der Nahrungskette**
  Für zahlreiche Tiere stellen Insekten eine wertvolle Nahrung dar. Zu den Insekten fressenden Tieren zählen zahlreiche Vogelarten, Fledermäuse, Eidechsen, Frösche, Spinnen und viele andere.
- **Zersetzende Insekten**
  Es gibt auch Insekten, die aktiv an der Umwandlung von Stoffen beteiligt sind. So fressen Fliegen sowie Mistkäfer und ihre Larven Kot, die winzigen Springschwänze wandeln altes Laub in Humus um, die Larven des Goldglänzenden Rosenkäfers und des Hirschkäfers zersetzen faulendes Holz.

Das schadet Insekten

- **„Ordentliche" Gärten:** Kurz geschorener Rasen, Kiesbeete, keine Blumen, langweilige Hecken aus Thuja, Kirschlorbeer oder Liguster bieten Insekten keinerlei Nahrung.
- **Schädlingsbekämpfungsmittel in der Landwirtschaft:** Töten auch nützliche Insekten.
- **Umweltverschmutzung und Naturzerstörung:** Führt dazu, dass Lebensräume (Biotope) verschwinden.
- **Straßenverkehr:** Viele Insekten sterben, weil sie schnell fahrenden Autos nicht ausweichen können. Gerade im Sommer ist die Windschutzscheibe nach einer längeren Fahrt oft voller toter Insekten.
- **Lichtverschmutzung:** Künstliche Lichtquellen wie Lampen werden von nachtaktiven Insekten für den Mond gehalten, an dem sie sich normalerweise orientieren. Deshalb fliegen sie diese Lichtquellen an und umkreisen sie, bis sie an Erschöpfung sterben. Nach Schädlingsbekämpfungsmitteln stellt künstliches Licht die zweitstärkste Bedrohung für unsere heimischen Insekten dar.

So kannst du Insekten helfen

1 Baue ein Insektenhotel

Bitte einen Erwachsenen, 3 bis 8 mm breite und 3 bis 4 cm tiefe Löcher in dicke Aststücke oder Holzscheite zu bohren. Lege die Aststücke an einer geschützten Stelle in den Garten und richte sie nach Süden oder Südosten aus. Bald werden sich darin mehrere **bestäubende Insekten** niederlassen oder auch **Insekten, die Blattläuse fressen.**

2 Stängelbündel für Wildbienen

In Europa leben knapp 900 Wildbienenarten, allesamt bestäubende Insekten. Die meisten davon sind Solitärbienen, also Bienen, die keine Staaten bilden. Die Weibchen legen ihre Eier in hohlen Stängeln ab und häufen daneben einen Vorrat an Pollen und Nektar an, von dem sich die Larven nach dem Schlüpfen ernähren können. Zu ihnen zählen Sandbienen, Harz- und Wollbienen, Seidenbienen, Furchenbienen, Mörtel- und Blattschneiderbienen, Mauerbienen und Holzbienen. Sammle **hohle Stängel** (Bambus, Stroh) und Stängel mit Mark (Holunder, Brombeere, Himbeere) und binde sie zu Bündeln von 10 bis 30 Stängeln von je 20 cm Länge zusammen. Verschließe die Stängelenden auf einer Seite mit Lehm. Hänge die Bündel an windgeschützten Stellen auf und zwar so, dass sie nach Süden oder Südosten ausgerichtet sind. Wenn du feststellst, dass ihre offenen Enden zugestopft wurden, haben sich „Untermieter“ eingefunden.

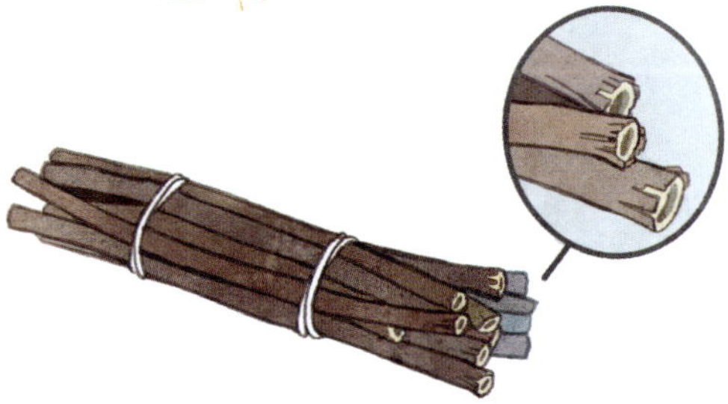

3 Marienkäfer-Pension

Ein einziger Siebenpunkt-Marienkäfer frisst pro Tag 25 bis 60 Blattläuse, seine Larve 20 bis 50. Deswegen bezeichnet man Marienkäfer als Nützlinge. Im Herbst suchen die erwachsenen Käfer nach geeigneten Orten zum Überwintern. Nimm einen Blumentopf aus Ton und stecke mehrere Lagen Wellpappe hinein. Lege den Topf dann an einen geschützten Ort. Die Marienkäfer werden gern in der Pappe Zuflucht suchen.

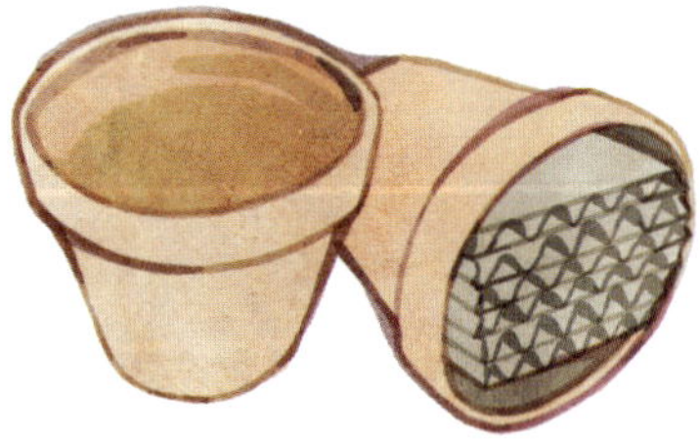

4 Insektenfreundliche Pflanzen im Garten

Ziehe in deinem Garten oder in Blumenkästen auf deinem Balkon Pflanzen, die Insekten gern besuchen. Schmetterlinge mögen Flockenblumen, Schaumkraut, Goldlack, Kornblumen, Karden, Primeln, Weißer Senf, Malven, Kornrade, Echtes Mädesüß. Bienen mögen Weißklee, Wiesenklee, Lavendel, Rainfarn, Mohn, Rosmarin, Borretsch. Raupen lieben die Blätter von Braunellen, Fingerhut, Efeu, Salbei, Schaumkraut, Kohl, Schafgarbe, Brennnesseln und Schöllkraut.

DIE GROßE HOLZBIENE

SYSTEMATIK

Wissenschaftlicher Name:
Xylocopa violacea

Ordnung und Familie:
Hymenoptera / Hautflügler & Apidae / Echte Bienen

ANDERE NAMEN

Blauschwarze oder Violettflügelige Holzbiene

MAßE

Größe: 25–30 mm

Spannweite: 30–50 mm

Lebensraum

Diese große, vollkommen harmlose Wildbiene trifft man in Gärten und Parks, auf Obstwiesen, grünen Wiesen und Brachen an.

Ernährung

Mit der langen Zunge nimmt die Große Holzbiene Nektar und Pollen aus Blüten auf. Besonders gern besucht sie die violetten Blüten des Akanthus und die kleinen gelben Blüten des Besenginsters.

Lebensweise

Anders als die Honigbiene bildet die Große Holzbiene keine Staaten. Mit den violetten Flügeln und dem laut summenden Flug ist sie alles andere als unauffällig.

Fortpflanzung

Im Mai, Juni sucht die Große Holzbiene altes Holz, wie etwa Balken, und gräbt über mehrere Wochen lang mit den Mundwerkzeugen Gänge hinein, in denen sie später überwintern wird. Holzmehl vor einem Loch verrät ihre Anwesenheit. Die Gänge sind unterschiedlich lang und verlaufen parallel zueinander. Im Frühjahr unterteilt das Weibchen seine Gänge in kleinere Zellen. In jede Zelle kommt ein Ei, zusammen mit einem Pollenvorrat für die Larve.

Ihre Flügel schimmern violett.

Sie ist eine Solitärbiene, lebt also alleine.

Obwohl sie einen Stachel hat, sticht sie Menschen nicht.

Sie ist ein bestäubendes Insekt.

Ihre Mundwerkzeuge sind sehr kräftig.

Interessant!

Dies ist die größte europäische Solitärbiene. Sie ist nicht sehr scheu, und man kann sich ihr vorsichtig nähern.

DIE HONIGBIENE

SYSTEMATIK

Wissenschaftlicher Name:
Apis mellifera

Ordnung und Familie:
Hymenoptera / Hautflügler & *Apidae* / Echte Bienen

Königin

Arbeiterin

ANDERE NAMEN

Westliche oder Europäische Honigbiene, Biene, Imme

Drohne

MAßE

Größe: 12–20 mm

Lebensraum

Die Honigbiene fühlt sich im Unterholz ebenso wohl wie auf Wiesen, in mittleren Berglagen und sogar in der Stadt.

Ernährung

Honigbienen ernähren sich von Blütennektar. Die Larven werden bis zum 4. Lebenstag mit dem in Drüsen der Ammenbienen erzeugten „Gelée royale“ ernährt, danach mit einem Brei aus Honig und Pollen. Die Königin wird als Larve und Erwachsene nur mit „Gelée royale“ gefüttert.

Lebensweise

Im Sommer können in einem Bienenstock an die 70 000 Arbeiterinnen (nicht fortpflanzungsfähige Weibchen), 200 Drohnen (Männchen) und eine Königin leben. Nach dem Ende ihres Larvenstadiums erledigt eine Arbeiterin feste Aufgaben: Sie reinigt die Brutzellen (Tag 1 und 2), ist Ammenbiene (Tag 3 bis 10), ist für die Honiglager, den Wabenbau und das Bewachen des Stocks zuständig (Tag 10 bis 20), fliegt als Flugbiene aus und sammelt Nektar und Pollen (Tag 21 bis 42). Sobald eine Flugbiene eine neue Nektarquelle entdeckt hat, kehrt sie zum Stock zurück. Sie vollführt einen „Schwänzeltanz“: Die Richtung, in die sie läuft, die Anzahl der Kreise und die Schnelligkeit ihrer Bewegungen weisen den anderen Flugbienen den Weg. Eine Biene kann bis zu 50 km/h schnell fliegen.

Fortpflanzung

Die Königin kann 3 bis 5 Jahre alt werden und (außer im Winter) pro Tag bis zu 2000 Eier legen.

Die Arbeiterin erfüllt verschiedene Aufgaben.

Dies ist ein wichtiges bestäubendes Insekt.

Drohnen sind männliche Honigbienen.

Drohnen haben keinen Stachel.

Interessant!

Für 1 kg Honig müssen 6000 Bienen 5 500 000 Blüten besuchen. Dabei legen sie insgesamt 150 000 km zurück. Das entspricht einer vierfachen Umrundung der Erde oder aber der Hälfte der Strecke zwischen Erde und Mond.

DIE GROßE KÖNIGSLIBELLE

SYSTEMATIK

Wissenschaftlicher Name:
Anax imperator

Ordnung und Familie:
Odonata / Libellen & Aeshnidae / Edellibellen

Erwachsene Libelle

Larve

MAßE

Größe: 70–85 mm

Spannweite: 90–110 mm

★ Lebensraum

Die Große Königslibelle trifft man an Teichen und Seen an, aber auch an fließenden Gewässern wie Bächen und Flüssen.

★ Ernährung

Sie ist ein Raubinsekt, das sich ausschließlich von anderen Insekten ernährt, in den Monaten April bis Oktober sogar von kleineren Libellenarten, den Wasserjungfern.

★ Lebensweise

Die Große Königslibelle ist die größte europäische Libellenart. Man erkennt sie an der grünen Brust. Beim Weibchen ist der übrige Körper ebenfalls grün, beim Männchen dagegen blau. Wichtiges Hilfsmittel bei der Jagd auf andere Insekten sind die riesigen Facettenaugen, die aus Tausenden von Einzelaugen zusammengesetzt sind. Mit ihnen erkennt die Große Königslibelle sogar ein 10 m entferntes Beutetier, sobald dieses sich bewegt.

★ Fortpflanzung

Männchen und Weibchen paaren sich gewöhnlich im Flug. Danach fliegt das Weibchen alleine an einen feuchten Ort mit stehendem Wasser, um an Pflanzenstängeln, die aus dem Wasser ragen oder im Wasser schwimmen, seine Eier abzulegen. Die Larven schlüpfen nach 3 bis 6 Wochen und leben 1 bis 2 Jahre lang im Wasser, wo sie kleine Krebstiere, Insekten, Schnecken und Kaulquappen jagen.

Sie ist die größte Libelle Europas.

Sie reagiert empfindlich auf Pestizide.

Ihre Beute frisst sie oft im Flug.

Interessant!

Die Große Königslibelle verträgt Schädlingsbekämpfungsmittel (Pestizide) ausgesprochen schlecht. Deshalb gehen ihre Bestände stark zurück.

DER EICHELBOHRER

SYSTEMATIK

Wissenschaftlicher Name:
Curculio glandium

Ordnung und Familie:
Coleoptera / Käfer & Curculionidae / Rüsselkäfer

ANDERER NAME

Gewöhnlicher Eichelbohrer

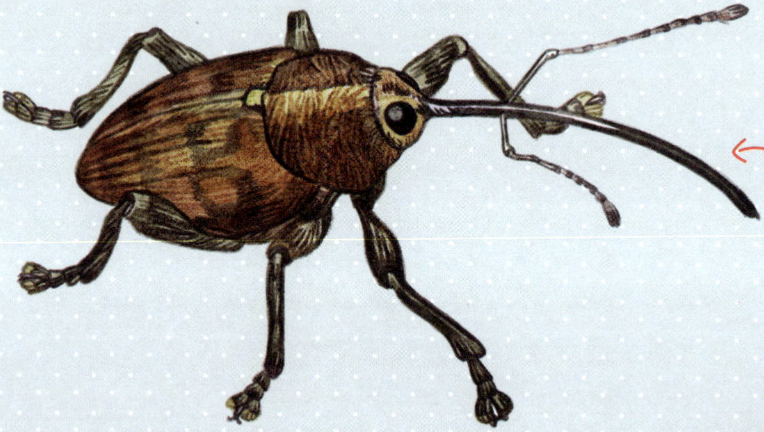

MAẞE

Größe: 4–8 mm

★ Lebensraum

Diesen Käfer trifft man in Eichenwäldern an.

★ Ernährung

Die erwachsenen Käfer leben von Eichenblättern. Die Weibchen legen ihre Eier in Eicheln, aus denen sich die Larven dann buchstäblich „herausfressen“.

★ Lebensweise

Nachdem die Eichel, in der die Larve lebt, zu Boden gefallen ist, verlässt die Larve sie und gräbt sich 10 cm tief in den Boden ein. Hier verpuppt sie sich und kommt im folgenden Frühjahr als erwachsener Käfer wieder zum Vorschein.

★ Fortpflanzung

Von Mai bis Juli fressen die Weibchen mit ihrem langen Rüssel, an dem auch das Fühlerpaar sitzt, Gänge in unreife Eicheln, um 1 bis 2 Eier abzulegen. Die Larven leben inmitten ihrer Nahrungsreserve und sind bis zum Herbst gut versorgt.

Der Käfer hat eine lange „Nase“: den Rüssel.

Das Weibchen legt seine Eier in eine Eichel.

Ein Loch in einer Eichel verrät, dass in ihr eine Larve wohnt.

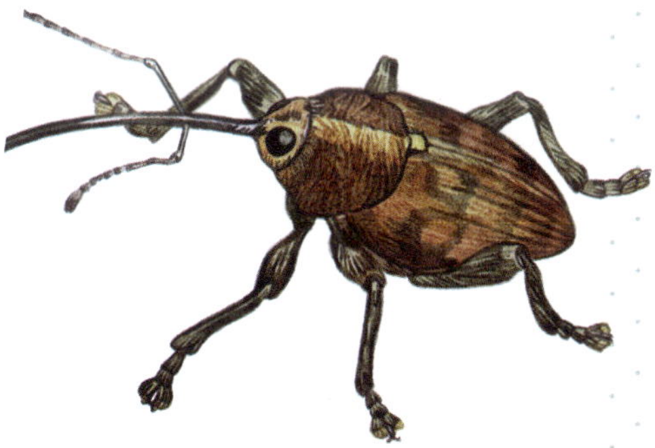

Interessant!

Der Rüssel ist beim Eichelbohrer-Weibchen länger als beim Männchen.

DIE DEUTSCHE SCHABE

SYSTEMATIK

Wissenschaftlicher Name:
Blattella germanica

Ordnung und Familie:
Blattodea / Schaben &
Ectobiidae / Waldschaben

Weibchen mit Oothek

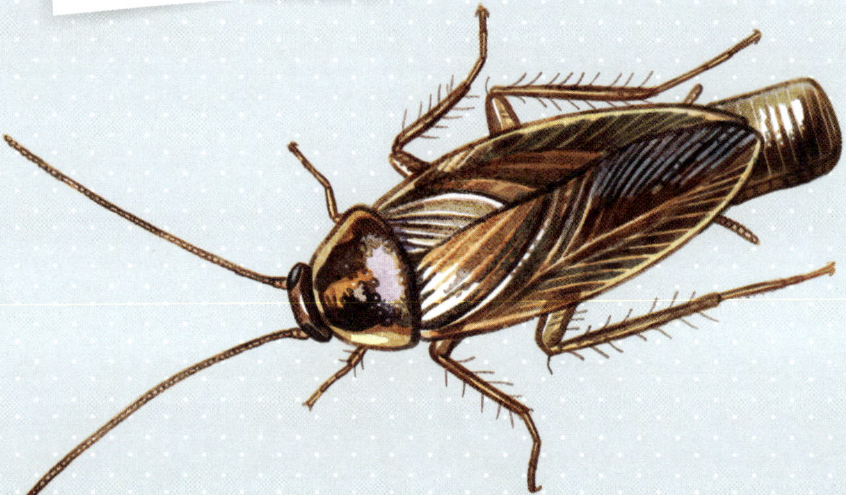

ANDERE NAMEN

Küchenschabe, Schwabenkäfer, Kakerlake

Larve

MAẞE

Größe: 13–16 mm

Gewicht: 0,1–0,12 g

Lebensraum

Die Deutsche Schabe hält sich lieber in der Nähe des Menschen auf als im Wald und ist daher mitunter sogar in Wohnhäusern anzutreffen.

Ernährung

Ein nachtaktives und allesfressendes Insekt, das in Küchen, Speisekammern, Lagerhäusern und Mülltonnen so ziemlich alles frisst, an das es herankommt, vor allem aber Mehl, Süßes und Früchte. Schaben sind sehr schnell und beweglich und können durch die schmalsten Ritzen krabbeln.

Deutsche Schaben sind Allesfresser.

Lebensweise

Eine Deutsche Schabe lebt ungefähr 16 Monate lang. Davon verbringen Männchen 6 und Weibchen 8 Monate im Erwachsenenstadium. Beide Geschlechter besitzen je 2 gut entwickelte Flügelpaare, die den Hinterleib vollständig bedecken. Sie nutzen sie jedoch nur für kürzere Gleitflüge, wie etwa vom Tisch hinunter zum Fußboden. Am wohlsten fühlen sie sich an feuchtwarmen Orten. Versammlungsorte von Schaben erkennt man an dem Kot der Kolonie. Die Schaben „parfümieren" ihn mit einem Sekret aus einer Drüse im Verdauungsapparat. Schaben wurden schon in Kliniken, Bäckereien, Großküchen, Restaurants und Lebensmittelfabriken entdeckt.

Erwachsene Schaben setzen ihre Flügel nur selten zum Fliegen ein.

Die Oothek ist ein Eibehälter.

Die Larve ähnelt ihren Eltern, hat aber keine Flügel.

Fortpflanzung

Nach der Paarung produziert der Körper des Weibchens eine dunkle Hülse, in der 20 bis 40 Eier untergebracht sind und die man „Oothek" nennt. Das Weibchen behält diese Oothek einige Zeit bei sich, bevor es sie ablegt.

Interessant!

Von den 4000 Schabenarten, die auf der Erde leben, suchen nur ungefähr 30 die Nähe des Menschen.

DIE DUNKLE ERDHUMMEL

SYSTEMATIK

Wissenschaftlicher Name:
Bombus terrestris

Ordnung und Familie:
Hymenoptera / Hautflügler & Apidae / Echte Bienen

MAßE

Größe: 20–27 mm

Lebensraum

Dunkle Erdhummeln sieht man in Parks, auf Wiesen und an Waldrändern fliegen.

Ernährung

Erwachsene Hummeln saugen den Nektar aus Blüten von Klee und Luzerne. Sie sind bestäubende Insekten und tragen Pollen in Vertiefungen am hinteren Beinpaar, „Körbchen" genannt.

Lebensweise

Die Dunkle Erdhummel ist eine der größten bei uns lebenden Hummelarten. Man erkennt sie an den beiden gelben Bändern, von denen eines über ihre Brust und das andere über ihren Hinterleib verläuft. Im März und April fliegt die junge Königin aus, um Nektar zu trinken, und legt in einem Mauerspalt oder in einem verlassenen Erdbau von Mäusen oder anderen kleinen Tieren ein Nest an. Sie polstert es mit Gras, Blättern und Haaren und baut aus Wachs 2 fingerhutartige Zellen ein. In die eine legt sie Eier, in die andere einen Nahrungsvorrat. Die Larven, die aus den Eiern schlüpfen, füttert sie mit Nektar und Pollen. Nach der Verpuppung schlüpfen erwachsene Hummeln und übernehmen die Arbeit der Königin. Ein Staat kann auf 400 bis 500 Hummeln anwachsen.

Fortpflanzung

Ebenso wie bei den Hornissen und den Wespen lebt die Königin nur knapp 1 Jahr. Als einzige Hummel ihres Staats überlebt sie den Winter. Im Frühjahr gründet die junge Königin einen neuen Staat.

Sie ist ein bestäubendes Insekt.

Am Hinterleibsende fallen weiße Härchen auf.

Die Königin legt ihre Eier in einem Erdnest ab.

Im Herbst sterben alle Hummeln – außer den jungen Königinnen.

Interessant!

Dunkle Erdhummeln werden von Gärtnereien als Bestäuber in Gewächshäusern eingesetzt. Treibhaustomaten gibt es nur, weil Hummeln die Blüten bestäubt haben.

CANTHARIS RUSTICA

SYSTEMATIK

Wissenschaftlicher Name:
Cantharis rustica

Ordnung und Familie:
Coleoptera / Käfer &
Cantharidae / Weichkäfer

ANDERER NAME

Schneewurm

MAẞE

Größe: 10–15 mm

Lebensraum

Dieser Weichkäfer lebt in offenem Gelände: In Obst- und Gemüsegärten, auf Wiesen mit Strauchbestand, auf Lichtungen und Brachen, in Parks und Gärten.

Ernährung

Von Mai bis Juli halten sich diese Weichkäfer in der Umgebung von Pflanzen aus der Familie der Doldenblütler (Verwandte der Wilden Möhre) auf und fangen bestäubende Insekten, ihre bevorzugte Beute. Daneben fressen sie auch Blüten. Die Larven jagen Gehäuse- und Nacktschnecken und töten sie durch ihren giftigen Biss.

Lebensweise

Beim erwachsenen Käfer ist das erste Flügelpaar weich und aschgrau. Der Halsschild über der Brust ist orange, mit einem herzförmigen schwarzen Fleck. Durch ihr samtig wirkendes Äußeres unterscheidet sich die in altem Laub lebende Larve von den glänzenden Larven anderer Käferarten. Ihre rot-grüne Warnfärbung zeigt möglichen Fressfeinden wie Spitzmäusen und Vögeln an, dass sie ungenießbar ist.

Fortpflanzung

Das Weibchen legt seine Eier in der Erde ab. Nach dem Schlüpfen ähnelt die Larve einer Landassel. Sie verbringt den gesamten Winter in diesem Stadium und wird sogar an sonnigen Tagen aktiv, auch wenn Schnee liegt. Das hat ihr den Namen „Schneewurm" beschert.

Der Weichkäfer ist rot und schwarz – und ungenießbar.

Er hat einen herzförmigen schwarzen Fleck auf dem Halsschild.

Die Deckflügel sind weich.

Im Flug ist er schwerfällig und daher leicht zu fangen.

Interessant!

Weil die Larven nicht nur Schnecken, sondern auch Blattläuse, Raupen und andere Pflanzenschädlinge fressen, ist *Cantharis rustica* im Garten ein willkommener Gast.

DIE BINDENBLUTZIKADE

SYSTEMATIK

Wissenschaftlicher Name:
Cercopis sanguinolenta

Ordnung und Familie:
Hemiptera / Schnabelkerfen & Cercopoidea / Blutzikaden

MAßE

Größe: 10 mm

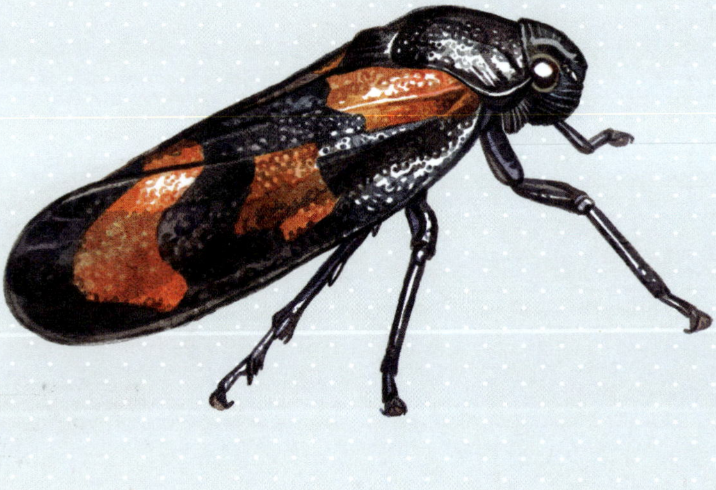

Lebensraum

Die Bindenblutzikade ähnelt ihrer Cousine, der Käferzikade, und bewohnt Brachen, Wiesen und lichtes Unterholz.

Ernährung

Die von März bis September lebenden erwachsenen Tiere ernähren sich von Pflanzensaft. Die unterirdisch lebende Larve dagegen frisst Wurzeln verschiedener Pflanzenarten.

Lebensweise

Durch die schwarz-rote Färbung zeigt die Bindenblutzikade an, dass sie ungenießbar ist. Bewegt man einen Finger auf sie zu, dann hüpft sie weg wie eine Heuschrecke, um sich in Sicherheit zu bringen. Mit ihren kräftigen Hinterbeinen kann sie weite Sprünge machen.

Fortpflanzung

Sobald die Larve aus dem Ei geschlüpft ist, gräbt sie sich in die Erde ein und tarnt sich durch schaumigen Schleim aus ihrem After.

Die Larve lebt unter der Erde.

Blutzikaden haben kräftige Hinterbeine.

Ihre rot-schwarze Warnfärbung zeigt an, dass sie ungenießbar ist.

Interessant!

Die Bindenblutzikade hat einige Verwandte, die ihr sehr ähnlich sehen, darunter die Gemeine Blutzikade und die Weinbergblutzikade.

DER GOLDGLÄNZENDE ROSENKÄFER

SYSTEMATIK

Wissenschaftlicher Name:
Cetonia aurata

Ordnung und Familie:
Coleoptera / Käfer & Scarabaeidae / Blatthornkäfer

ANDERER NAME

Gemeiner Rosenkäfer

Erwachsener Käfer

Larve

MAẞE

Größe: 13–22 mm

★ Lebensraum

Der wunderschöne grüngold schillernde Käfer fühlt sich in Obstgärten und Parks ebenso wohl wie auf der Wiese.

★ Ernährung

Die erwachsenen Käfer fressen neben Pollen auch zarte Blütenteile, wie Staubfäden und Blütenblätter, und trinken Nektar. Dabei bestäuben sie die Blüten und ermöglichen so die Entwicklung von Früchten und Samen. Die Larven dagegen ernähren sich von verrottendem Holz.

★ Lebensweise

Gerade in einer hellen Rosenblüte fällt der hübsche Käfer besonders auf. Deshalb ist er nach dieser Pflanzenart benannt, obwohl er durchaus auch die Blüten anderer Pflanzen besucht.

★ Fortpflanzung

Das Weibchen legt die Eier in Erde, Humus oder Kompost ab. Für ihre Verpuppung erzeugt die Larve (Engerling) einen Kokon aus Holzfasern und Erde.

Am metallisch grünen Panzer leicht zu erkennen.

Die Larve ähnelt der des Maikäfers.

Du findest ihn auf Rosen und anderen Blüten.

Interessant!

Im 19. Jahrhundert galt der Goldglänzende Rosenkäfer in Europa und Russland als Mittel gegen Tollwut: Ein Pulver aus zermahlenen getrockneten Larven wurde Menschen, die von tollwütigen Tieren gebissen worden waren, aufs Butterbrot gestreut.

DIE GEMEINE FLORFLIEGE

SYSTEMATIK

Wissenschaftlicher Name:
Chrysoperla carnea

Ordnung und Familie:
Neuroptera / Netzflügler & Chrysopidae / Florfliegen

ANDERER NAME

Grüne Florfliege

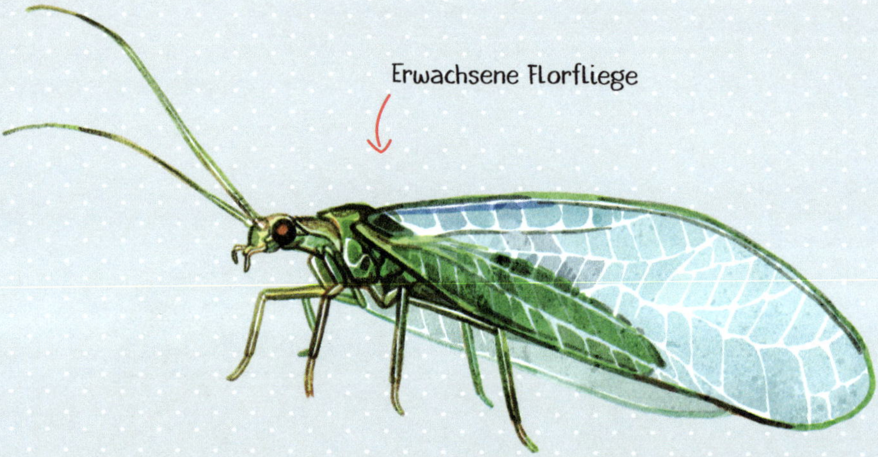

MAßE

Größe: 20 mm

★ Lebensraum

Die Florfliege hält sich gern in Parks und Gärten auf, wo sie unter Blättern Schutz und Schatten sucht.

★ Ernährung

Erwachsene Florfliegen ernähren sich in erster Linie von Pollen, Nektar und Honigtau (das ist ein süßes Sekret der Blattläuse). Die auch „Blattlauslöwe" genannte Larve ist bei Gärtnern sehr beliebt, weil sie große Mengen an Blattläusen frisst. Das gelingt ihr auch deshalb, weil sie für ihre Größe sehr mächtige Mundwerkzeuge besitzt: Sie sind so lang wie der Kopf.

★ Lebensweise

Die elegante Florfliege hat einen blassgrünen Körper mit einem gelben Längsstreifen über dem Rücken. Im Winter verfärbt sie sich bräunlich. Sie überwintert im erwachsenen Stadium.

★ Fortpflanzung

Das Weibchen legt seine Eier auf Blättern oder Stängeln ab. Jedes Ei hängt an einem 5 mm langen Stiel.

Im Winter entdeckt man sie oft an Wänden im Haus.

Sie besitzen kräftige Mundwerkzeuge.

Die Larven fressen große Mengen an Blattläusen.

Interessant!

Florfliegen, die im Winter in die Häuser kommen, um dort zu überwintern, werden oft für Ungeziefer gehalten. Damit man das nützliche Insekt nicht aus Versehen tötet, sollte man die Flügel zählen: Florfliegen haben 4 Flügel. Die Florfliege, die sich nur von Nektar ernährt, ist für uns ganz harmlos, und ihre Blattläuse fressende Larve ist ein hoch geschätzter Nützling.

DER FELD-SANDLAUFKÄFER

SYSTEMATIK

Wissenschaftlicher Name:
Cicindela campestris

Ordnung und Familie:
Coleoptera / Käfer &
Cicindelinae / Laufkäfer

ANDERER NAME

Feldsandläufer

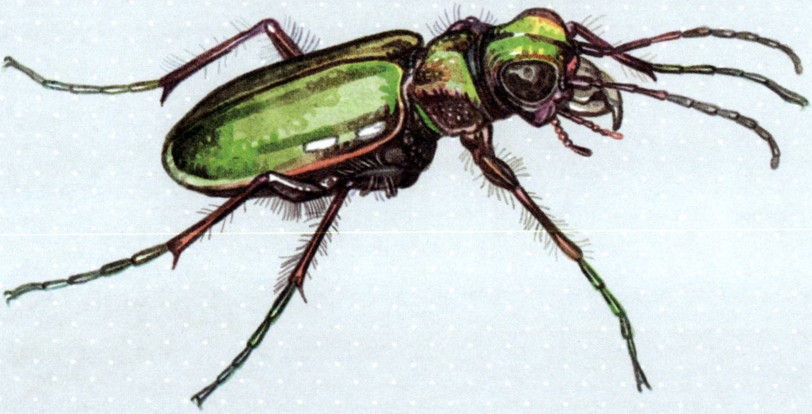

MAẞE

Größe: 12–18 mm

Lebensraum

Dieser Laufkäfer streift durch trockene Biotope wie geschotterte Forstwege, Dünen, Felder und Gegenden mit Sandböden.

Ernährung

Der grüne Feld-Sandlaufkäfer ist ein gefräßiges und schnelles Raubinsekt, das mit seinen scharfen Augen Ausschau nach kleinen Spinnentieren und Insekten hält und sie geschickt fängt. Die Larve lebt ebenfalls räuberisch. Sie gräbt sich einen Erdgang und lauert darin auf Insekten, die sich ahnungslos ihrem Versteck nähern, um sie mit den kräftigen Mundwerkzeugen zu packen.

Lebensweise

Um sich vor Fressfeinden in Sicherheit zu bringen, kann der erwachsene Feld-Sandlaufkäfer ungefähr 10 m weit schnell fliegen. Anschließend ruht er sich am Boden aus.

Fortpflanzung

Die Larve lebt 2 Jahre lang in ihrem Erdgang, bevor sie sich verpuppt und später als erwachsener, metallisch grüner Käfer mit kleinen elfenbeinfarbenen Flecken ans Tageslicht krabbelt.

Ein erfolgreicher, flinker Jäger ...

... mit herzhaftem Appetit.

Er besitzt beeindruckende Mundwerkzeuge.

Auch die Larve jagt Beutetiere.

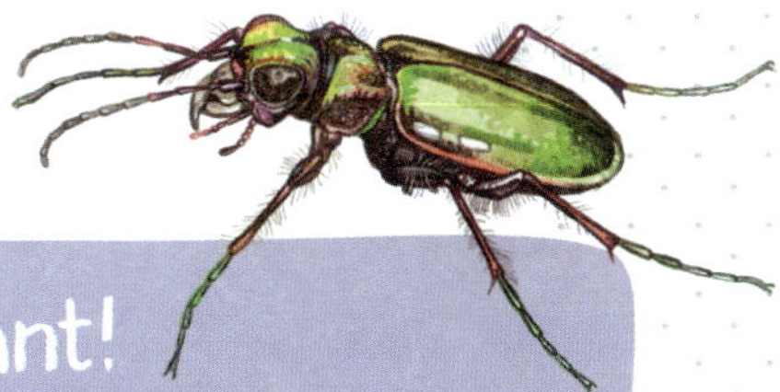

Interessant!

Der Feld-Sandlaufkäfer kann im Nahbereich sehr gut sehen, sodass ihm in seiner Umgebung keine Bewegung entgeht. Flink stürzt er sich auf seine Beute – oder aber fliegt davon, wenn er in seiner Nähe einen Vogel entdeckt, der wiederum ihn fressen könnte!

DIE ESCHENZIKADE

SYSTEMATIK

Wissenschaftlicher Name:
Cicada orni

Ordnung und Familie:
Hemiptera / Schnabelkerfen & *Cicadidae* / Singzikaden

ANDERER NAME

Manna-Singzikade

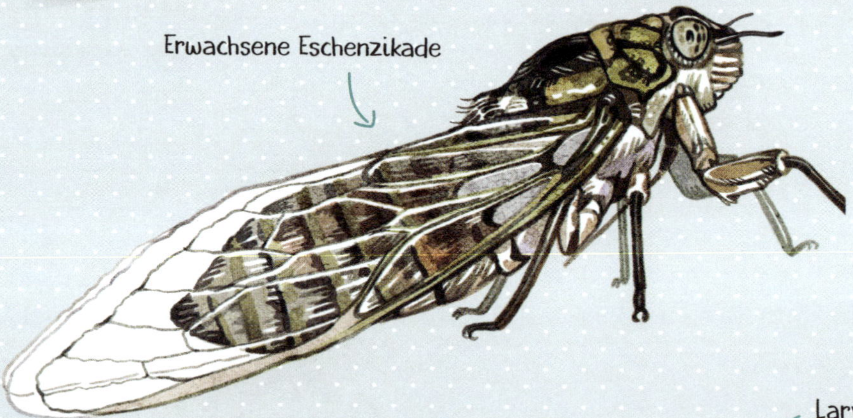

MAßE

Größe: 23–28 mm

Spannweite: 70–74 mm

Lebensraum

Die Eschenzikade kommt sowohl in Laub- als auch in Nadelwäldern vor, in Dickicht und Buschland.

Ernährung

Die erwachsenen Eschenzikaden leben von Baumsaft, vor allem dem von Eschen, oder der aus dem östlichen Mittelmeerraum stammenden Manna-Esche. Die Larven ernähren sich ebenfalls von Baumsaft, den sie allerdings aus den Wurzeln saugen, da sie unterirdisch leben.

Lebensweise

Das vorderste Beinpaar der Larve ist zu Grabbeinen umgewandelt, mit denen sie Erdgänge graben kann. Sie bleibt bis zu 2 Jahre lang unter der Erde, bevor sie an die Oberfläche kommt und sich zum letzten Mal häutet. In ihrem Erwachsenenstadium wird sie nur 1 Monat lang leben und eifrig zirpen („singen").

Fortpflanzung

Um sich zu ernähren und fortzupflanzen, haben erwachsene Eschenzikaden nur 1 Monat Zeit. Nach der Paarung legt das Weibchen kopfüber an Stängeln sitzend seine Eier ab. Nach dem Schlüpfen lassen sich die Larven zu Boden fallen und graben sich in die Erde ein.

Zikaden durchstechen Rinde, um an den Baumsaft zu kommen.

Die Larven saugen im Boden den Saft aus Wurzeln.

Nur das Männchen „singt" und lockt damit Weibchen an.

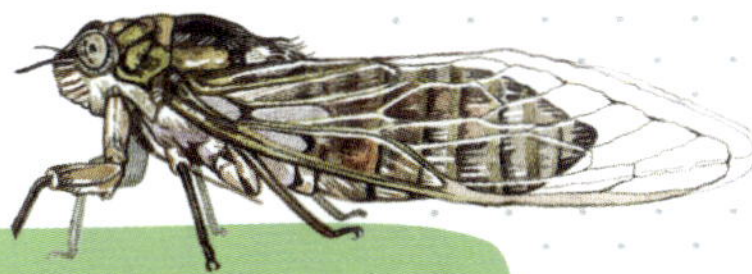

Interessant!

Nur das Männchen „singt", indem es die „Trommelorgane" an den Seiten seines Hinterleibs durch gleichmäßiges Anspannen und Entspannen der Muskeln in Schwingungen versetzt. Der Hinterleib dient dabei als Resonanzkörper – er verstärkt das leise Zirpen und macht es laut.

DER SIEBENPUNKT-MARIENKÄFER

SYSTEMATIK

Wissenschaftlicher Name:
Coccinella septempunctata

Ordnung und Familie:
Coleoptera / Käfer & Coccinellidae / Marienkäfer

Erwachsener Marienkäfer

Larve

MAẞE

Größe: 6–8 mm

★ Lebensraum

Der Siebenpunkt-Marienkäfer fühlt sich in Parks und Gärten ebenso wohl wie auf Wiesen und Feldern.

★ Ernährung

Marienkäfer fressen Blattläuse – und das mit gutem Appetit: Die erwachsenen Käfer vertilgen am Tag 25 bis 70 dieser Schädlinge, die Larven je nach Wachstumsstand 20 bis 80 pro Tag.

★ Lebensweise

Marienkäfer sind mit ungefähr 6000 Arten auf der ganzen Welt vertreten. Bei uns in Deutschland kommen 70 bis 80 Arten vor. Den Winter verbringen sie im Erwachsenenstadium. Gelegentlich dringen sie in Scharen in Wohnhäuser ein, auf der Suche nach einem warmen Plätzchen. Sobald die Außentemperaturen im Frühjahr 10 °C übersteigen, erwachen sie aus der Winterstarre, ab Temperaturen um die 15 °C fliegen sie los.

★ Fortpflanzung

Die zitronengelben Eier legt das Weibchen in traubenförmigen Ansammlungen in der Nähe einer Blattlauskolonie ab. Aus dem Ei schlüpft eine graue Larve mit seitlichen orangefarbenen Punkten, die mehrere Häutungen durchmacht, bis aus ihr ein erwachsener roter, mit 7 Punkten geschmückter Marienkäfer wird.

Man kann Marienkäfer sogar als natürliche Schädlingsbekämpfer kaufen.

Die Anzahl der Punkte sagt nichts über das Alter des Käfers aus.

Im Erwachsenenstadium lebt er nur 1 Jahr lang.

Interessant!

Früher überwinterten Marienkäfer oft an Kruzifixen und Heiligenstandbildern an Wegrändern. Deshalb bringt man sie mit der christlichen Religion und besonders mit der Jungfrau Maria in Verbindung. In vielen Kulturen gilt der Marienkäfer als Glücksbringer.

DER GELBRANDKÄFER

SYSTEMATIK

Wissenschaftlicher Name:
Dytiscus marginalis

Ordnung und Familie:
Coleoptera / Käfer & Dytiscidae / Schwimmkäfer

ANDERER NAME

Gemeiner Gelbrand

Erwachsener Gelbrandkäfer

MAßE

Größe: 30–35 mm

Larve

Lebensraum

Der Gelbrandkäfer lebt in Torfmooren, Teichen und Wasserlachen. Gelegentlich trifft man ihn auch in Gartenteichen oder in Viehtränken an.

Ernährung

Sowohl die erwachsenen Käfer als auch ihre Larven leben räuberisch und fressen Insekten, Kaulquappen, Fischbrut und kleine Krebstiere. Die lang gestreckte, im Wasser lebende Larve besitzt große, spitz zulaufende Mundwerkzeuge. Mit ihnen sticht sie die Beute. Sie spritzt ihr Verdauungssäfte ein, die deren Inneres verflüssigen, sodass die Larve sie aussaugen kann.

Der Käfer lebt nur im Wasser.

Er ist ein Raubinsekt.

Lebensweise

Nicht nur die Larven, auch die erwachsenen Gelbrandkäfer leben im Wasser, doch können sie von Gewässer zu Gewässer fliegen. Dies tun sie am liebsten nachts. Weil Straßenlampen ihre Orientierung stören, findet man sie manchmal darunter am Boden.

Die Larven haben gut sichtbare Mundwerkzeuge.

Fortpflanzung

Für die Paarung schwimmt das Männchen auf das Weibchen zu und hält sich mit seinen Vorderbeinen an ihm fest. An diesen Beinen sind Haftorgane, die wie Saugnäpfe funktionieren und ein Abrutschen verhindern. Das Weibchen legt seine Eier in die Stängel von Wasserpflanzen. Die ausgeschlüpften Larven können sofort mit der Jagd auf kleinere Tiere beginnen.

„Deckflügel" nennt man die starren oberen Flügel.

Interessant!

Männchen und Weibchen kann man an ihren Deckflügeln unterscheiden: Bei den Männchen sind sie glatt, bei den Weibchen heller und längs gerillt. Beim Tauchen brauchen wir Menschen Sauerstoffflaschen, um unter Wasser atmen zu können. Der Gelbrandkäfer presst Luft unter seine Deckflügel, bevor er ins Wasser taucht, um einen Atemvorrat zu haben.

DIE ROTE WALDAMEISE

SYSTEMATIK

Wissenschaftlicher Name:
Formica rufa

Ordnung und Familie:
Hymenoptera / Hautflügler
& *Formicidae* / Ameisen

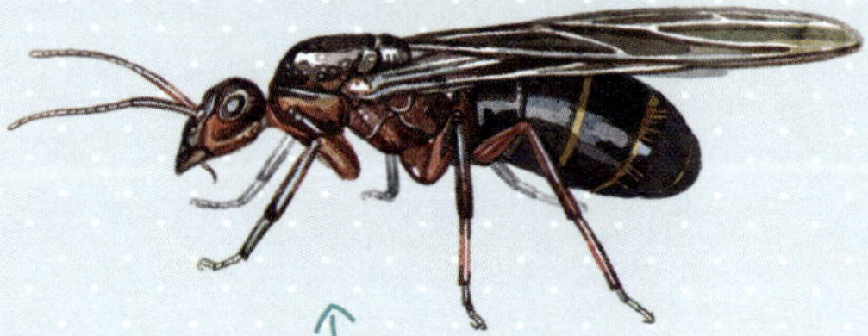

Königin

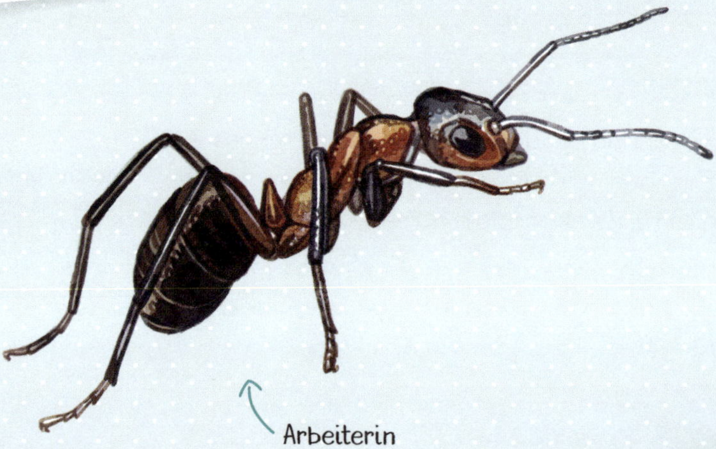

Arbeiterin

Männchen

MAẞE

Größe Arbeiterin: 4–10 mm

Größe Königin: 9–11 mm

Größe Männchen: 9–11 mm

★ Lebensraum

Die Rote Waldameise gehört einer knapp 15 000 Arten zählenden Familie an, die erstmals vor 140 bis 168 Millionen Jahren auf unserem Planeten auftrat, also zu Zeiten der Dinosaurier. Die Rote Waldameise bevorzugt Wälder mit vielen Tannen und Kiefern.

Ein Ameisenhaufen besteht aus Erde und ist mit Baumnadeln abgedeckt.

★ Ernährung

Rote Waldameisen sind Insektenfresser und sorgen dafür, dass viele Waldschädlinge nicht überhandnehmen, wie etwa Raupen der Prozessionsspinner. Eine Arbeiterin verfügt über 2 Mägen. Der erste nimmt ihre eigene Nahrung auf, im zweiten speichert sie Futter für die Königin und die Larven der Kolonie. Auf ihrer Suche nach Fressbarem entfernt sich die Arbeiterin bis zu 300 m weit von ihrem Nest. Im Größenverhältnis ist das so, als müsstest du zum nächsten Supermarkt 60 km weit laufen.

Bei der Arbeiterin sind Kopf und Hinterleib schwarzbraun und die Brust rötlich.

★ Lebensweise

In einem Ameisenhaufen, dem Nest, leben mehrere Königinnen mit ihren Arbeiterinnen zusammen. Der Ameisenhaufen ist mit Baumnadeln abgedeckt und kann bis zu 1,25 m hoch sein. Eindringlinge wehren die Arbeiterinnen ab, indem sie sie mit Ameisensäure aus dem Hinterleib anspritzen.

Die Königin ist rotbraun, das Männchen braunschwarz.

★ Fortpflanzung

Im Frühjahr schwärmen große Mengen an Männchen und zukünftigen Königinnen aus. Nach der Befruchtung landet die junge Königin, streift ihre Flügel ab und begibt sich unter die Erde, um ein neues Volk zu gründen.

Interessant!

Eine Arbeiterin wiegt zwar nur 7 bis 8 mg, kann aber eine Beute hinter sich herziehen, die bis zu 60-mal so viel wiegt, wie sie selbst.

DIE HORNISSE

SYSTEMATIK

Wissenschaftlicher Name:
Vespa crabro

Ordnung und Familie:
Hymenoptera / Hautflügler & Vespidae / Soziale Faltenwespen

MAßE

Größe Arbeiterin: 18–25 mm

Größe Königin: bis zu 35 mm

Größe Männchen: 21–28 mm

Spannweite: 30–40 mm (Arbeiterin), 56–67 mm (Königin)

Lebensraum

Die Hornisse fühlt sich auf Wiesen und an Waldrändern ebenso wohl wie in Meeresnähe.

Ernährung

Aufgrund ihrer beträchtlichen Größe können Hornissen sogar Wespen, Raupen, Heuschrecken und mitunter Bienen, aber auch bis zu 60 bis 80 Fliegen am Tag fressen. Für die Larven wird das zerkleinerte Futter zu Kügelchen geformt. Weil Hornissen Schädlinge vertilgen, sind sie in manchen Ländern geschützt, so auch bei uns in Deutschland. Gelegentlich verursachen sie in Obstplantagen Schäden.

Sie ist der „Adler" der Insektenwelt.

Die Hornisse steht in Deutschland und anderen Ländern unter Artenschutz.

Lebensweise

Durch die gelb-schwarze Färbung zeigt die Hornisse an, dass sie giftig ist. Menschen werden seltener von Hornissen gestochen als von Wespen. Richtig gefährlich werden die großen Insekten erst, wenn man sich ihrem Nest auf weniger als 6 m nähert. Ein Nest kann bis zu 1 m lang sein, mit einem Fassungsvermögen von bis zu 25 l, und 100 bis 200 Hornissen aufnehmen.

Europäische und Asiatische Hornisse ähneln sich stark.

Fortpflanzung

Nur die Königin, die ungefähr 10 Monate lang lebt, kann sich fortpflanzen. Mithilfe ihres Volks baut sie aus zerkautem Holz ein glockenförmiges Nest. In dessen Innerem sind Waben in waagerechten Etagen angeordnet. Nur die im Spätsommer geschlüpfte neue Königin überlebt den Winter, um dann im Frühjahr ein neues Volk zu gründen, bevor sie im Spätsommer stirbt. Alle anderen Hornissen aus dem Volk sterben.

Weniger aggressiv als Biene und Wespe – wenn man sie in Ruhe lässt.

Interessant!

Das Gewicht richtet sich nach dem Geschlecht: eine Arbeiterin wiegt 150 bis 450 mg, ein Männchen 200 bis 500 mg und eine zukünftige Königin 600 bis 800 mg.

DIE GEMEINE FEUERWANZE

SYSTEMATIK

Wissenschaftlicher Name:
Pyrrhocoris apterus

Ordnung und Familie:
Hemiptera / Schnabelkerfen & Pyrrhocoroidea / Feuerwanzen

ANDERE NAMEN

Feuerkäfer, Schusterkäfer

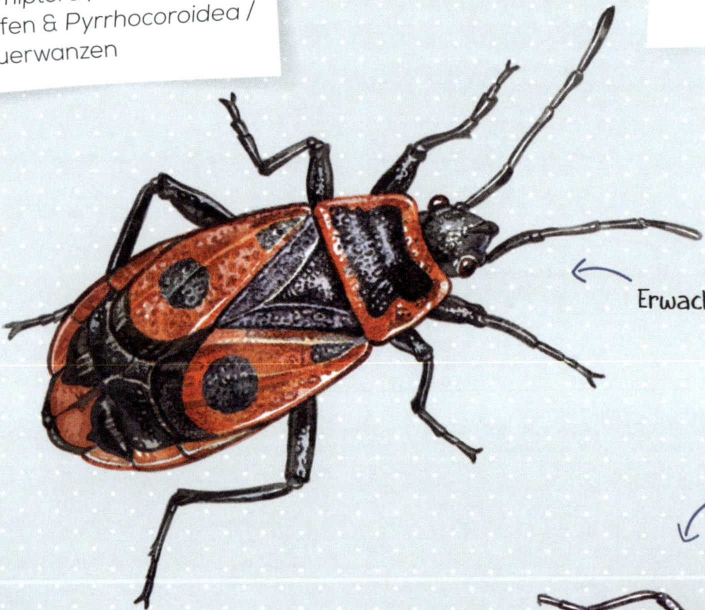

MAẞE

Größe: 10 mm

Lebensraum

Feuerwanzen leben in großen Kolonien auf Alleebäumen, in Parks und Gärten.

Ernährung

Die erwachsenen Feuerwanzen schätzen vor allem den Saft von Linden, Rosskastanien, Ulmen und Pappeln, fressen aber auch tote Artgenossen, die sie mit den Mundwerkzeugen anstechen, mittels eingespritzter Magensäure vorverdauen und einsaugen.

Feuerwanzen lieben sonnige Plätzchen auf Bäumen und am Boden.

Lebensweise

Feuerwanzen leben stets in Kolonien, und man sieht häufig eine große Anzahl von ihnen auf der sonnenbeschienenen Seite von Baumstämmen. Die erwachsenen Feuerwanzen überwintern unter Rinde oder Steinen. Die schwarz-rote Färbung weist darauf hin, dass dieses Insekt ungenießbar ist. Deshalb wird es von Vögeln nicht gejagt.

Sie besitzen stechende und saugende Mundwerkzeuge.

Sie haben keine natürlichen Feinde.

Fortpflanzung

Männchen und Weibchen stehen bei der Paarung Hinterleibsende an Hinterleibsende – im Unterschied zu Käfern, bei denen das Männchen auf das Weibchen klettert. Oft zieht das kräftigere Feuerwanzen-Weibchen das Männchen hinter sich her. Es legt ungefähr 50 weiße, je 1 mm lange Eier unter einem Baumstumpf, einem Stein oder Rindenstück ab. In den folgenden Tagen verfärben sich die Eier zitronengelb. 2 Wochen nach der Eiablage schlüpfen die Larven, die sich der Kolonie anschließen.

Das Insekt lebt in großen Kolonien.

Interessant!

Häufig wird die Feuerwanze als „Feuerkäfer“ bezeichnet, sie ist aber eine Wanze, kein Käfer. Im Garten sind die großen Kolonien oft störend, schädlich sind Feuerwanzen aber nicht.

DER GEMEINE WASSERLÄUFER

SYSTEMATIK

Wissenschaftlicher Name:
Gerris lacustris

Ordnung und Familie:
Hemiptera / Schnabelkerfen & *Gerridae* / Wasserläufer

ANDERE NAMEN

Schneider, Wasserschneider

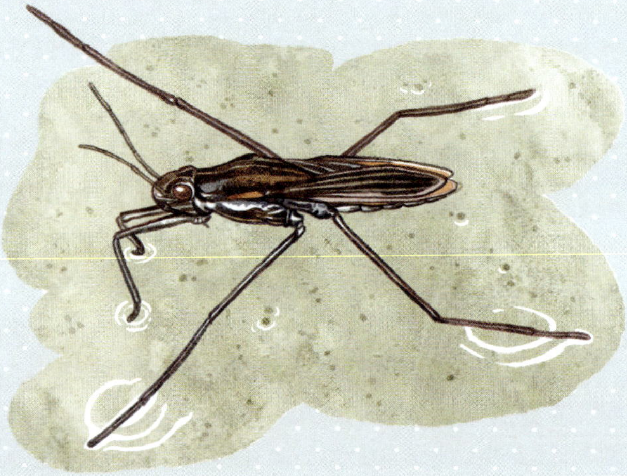

MAẞE

Größe: 12–17 mm

Lebensraum

Der Wasserläufer ist auf Bächen und Flüssen zu Hause, aber auch auf Teichen und Seen.

Ernährung

Der Wasserläufer ist in der Lage, geringste Schwingungen der Wasseroberfläche wahrzunehmen. So merkt er etwa, wenn ein kleines Insekt ins Wasser fällt. Dank der Härchen an den Füßen seiner mittleren und hinteren Beine kann er, ähnlich wie Eisläufer auf dem Eis, über die Wasseroberfläche gleiten. Die kleinen Beutetiere ergreift er mit den Vorderbeinen und saugt sie mit dem Saugrüssel aus.

Lebensweise

Mit mal flüssigen, mal ruckartigen Bewegungen gleitet er über die Wasseroberfläche. Er ist gesellig und lebt in Gruppen von mitunter Hunderten von Exemplaren. Mit seinen breit gespreizten Beinen erinnert er an eine Spinne.

Fortpflanzung

Im Frühjahr setzt sich das Männchen auf den Rücken eines Weibchens und lässt sich von ihm mehrere Tage lang mittragen. Nach der langen Paarung sucht das Weibchen Wasserpflanzen auf, um die Eier an geschützten Stellen abzulegen. Die Eier sind von einer Schleimschicht überzogen. Die Lebenserwartung der im Frühjahr geschlüpften Larven beträgt nur 4 Monate, während die im Spätsommer geschlüpften Larven außerhalb des Wassers unter der Erde überwintern, um im folgenden Frühjahr wieder zum Vorschein zu kommen.

Er läuft tatsächlich über das Wasser!

Larven und ins Wasser gefallene Insekten sind seine Nahrung.

Mit den kurzen Vorderbeinen packt er die Beute.

Interessant!

Beim Wasserläufer ist die Unterseite der Füße, die man bei Insekten „Tarsen" nennt, mit wasserabweisenden Härchen besetzt: Damit kann er wie auf einem Luftkissen dahingleiten.

DER GROẞE EICHENBOCK

SYSTEMATIK

Wissenschaftlicher Name:
Cerambyx cerdo

Ordnung und Familie:
Coleoptera / Käfer &
Cerambycidae / Bockkäfer

ANDERE NAMEN

Heldbock, Spießbock, Riesenbock

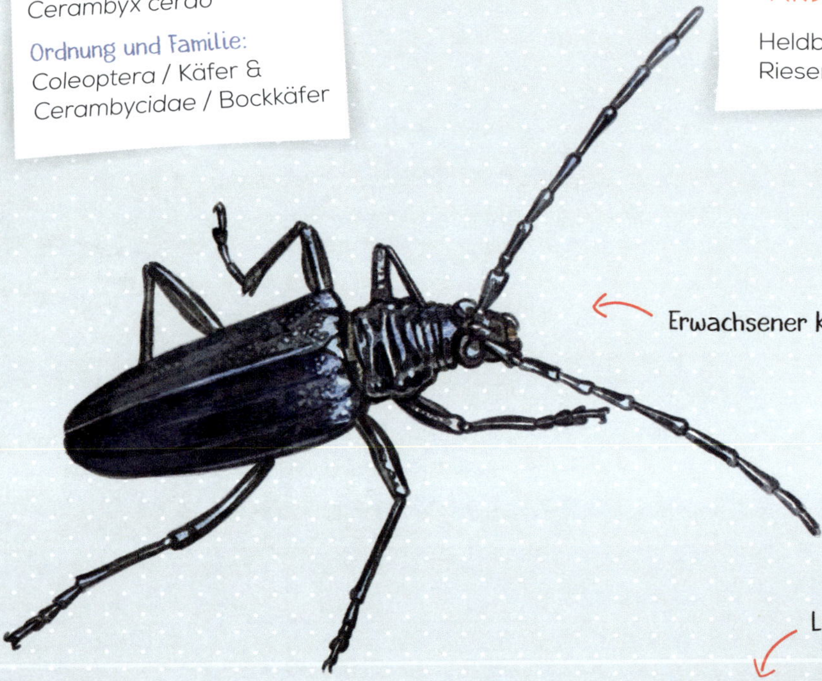

Erwachsener Käfer

Larve

MAẞE

Größe: 30–50 mm

Lebensraum

Von den weltweit bekannten 26 000 Bockkäfer-Arten leben ungefähr 200 in Mitteleuropa. Der Große Eichenbock ist vor allem in Eichenwäldern zu Hause.

Ernährung

Die erwachsenen Käfer saugen den an Baumwunden austretenden Saft sowie den Saft reifer Früchte. Außerdem fressen sie zarte Rindenteile.

Lebensweise

Der große Käfer besitzt auffällige, leicht gebogene Fühler. Beim Männchen sind sie länger als der Körper, beim Weibchen dagegen reichen sie nur knapp bis zum Hinterleibsende. Wird ein Großer Eichenbockkäfer von einem Fressfeind gepackt, etwa von einer Katze, gibt er ein klagendes Zirpen von sich, das dadurch entsteht, dass sein erstes Brustsegment gegen das zweite reibt.

Fortpflanzung

Das Weibchen legt seine Eier in verrottendes Eichenholz. Die 7 bis 8 cm lange Larve ernährt sich nach dem Schlüpfen 3 bis 4 Jahre lang von diesem Holz, bevor sie sich verpuppt und schließlich als flugfähiger erwachsener Käfer zum Vorschein kommt. Mit den Fühlern können auch Gerüche wahrgenommen werden. Um sich zu paaren, fliegt das Männchen der Geruchsspur eines Weibchens hinterher.

Diese Art ist geschützt.

Das Männchen hat auffällig lange Fühler.

Der Käfer ist sehr dunkelbraun, beinahe schwarz.

Das Weibchen legt die Eier in verrottendes Holz.

Interessant!

Weil Eichenwälder seltener werden, ist diese Art in Deutschland bedroht.

DER GROßE SCHILLERFALTER

SYSTEMATIK

Wissenschaftlicher Name:
Apatura iris

Ordnung und Familie:
Lepidoptera / Schmetterlinge & *Nymphalidae* / Edelfalter

Erwachsener Schmetterling

Raupe

MAßE

Größe: 25 mm

Spannweite: 65–80 mm

Lebensraum

Den Großen Schillerfalter trifft man in Parks mit vielen Bäumen an, aber auch in Wäldern, in der Nähe des Meeres und sogar im Gebirge bis in 2000 m Höhe.

Ernährung

Der eher seltene Schmetterling liebt Deftiges. Deshalb sieht man ihn mitunter auf Kuhfladen, Pferdeäpfeln, Urinpfützen, Aas und faulem Obst.

Lebensweise

Mit dem violett-metallischen Glanz seiner Flügel im Sonnenlicht markiert das Männchen optisch sein Revier und lockt eine Partnerin an.

Fortpflanzung

Das Weibchen legt seine Eier auf den Blättern von Pappeln und Weiden ab. Die braune Raupe, die daraus schlüpft, übersteht dank einer nicht gefrierenden Substanz in ihrem Blut den Winter. Im Frühjahr verfärbt sie sich grün und setzt ihre Entwicklung fort.

Das Männchen verteidigt sein Revier.

Ein Schmetterling, der lieber Pipi als Nektar trinkt!

Er hat einen gelben Saugrüssel und gelbe Augen.

Die Weibchen legen ihre Eier auf Pappeln und Weiden ab.

Interessant!

Um einen Großen Schillerfalter anzulocken, kannst du aus violett-metallisch gefärbtem Papier einen Schmetterlingsumriss ausschneiden und an das Ende eines Holzstabs kleben. Wenn du die Attrappe schwenkst, wird sich der echte Schmetterling nähern, um sein Revier zu verteidigen.

DER GROßE ULMENSPLINTKÄFER

SYSTEMATIK

Wissenschaftlicher Name:
Scolytus scolytus

Ordnung und Familie:
Coleoptera / Käfer &
Curculionidae / Rüsselkäfer

Fraßbild

Erwachsener Käfer

MAßE

Größe:

- Männchen 3–5 mm
- Weibchen 4–6 mm

Lebensraum
Der Große Ulmensplintkäfer lebt in Ulmenhochwäldern.

Ernährung
Sowohl der erwachsene Käfer als auch die Larven ernähren sich von der zarten Rindenschicht unter der Borke, „Kambium“ genannt.

Lebensweise
Die Weibchen legen ihre Eier an Bäumen ab, die durch lange Trockenperioden gestresst oder verletzt oder aus anderen Gründen geschwächt sind. Diese Bäume verströmen einen charakteristischen Geruch, der die Weibchen dieser Borkenkäferart anzieht.

Fortpflanzung
Das Weibchen gräbt unter der Borke der Ulme einen Gang in Längsrichtung und verteilt in diesem seine Eier. Nach dem Schlüpfen frisst jede einzelne Larve einen Gang, der von diesem „Muttergang“ abzweigt. Das ergibt ein für diese Art typisches Fraßbild im Holz. Sobald die Temperatur im Frühjahr über 15 °C steigt, verlassen die jungen Käfer den Baum, indem sie ein rundes Loch durch die Borke bohren. Die meisten von ihnen krabbeln am frühen Nachmittag ans Tageslicht.

Käfer und Larven ernähren sich vom Kambium des Baums.

Die Rindenschicht Kambium sitzt unter der Borke.

Die Larven graben unter der Borke Fraßgänge.

Der vom Käfer übertragene Pilz verursacht Ulmensterben.

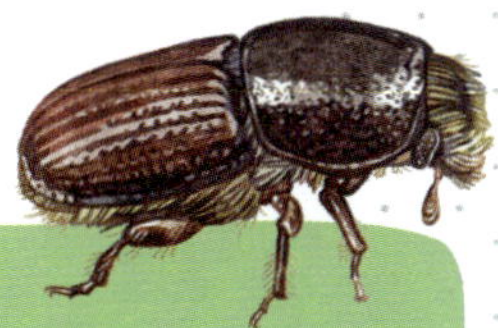

Interessant!
Beim Graben ihres Gangs infiziert die Larve das Holz mit den Sporen eines Schlauchpilzes, der für die Ulme tödlich ist. Er heißt *Ceratocystis ulmi* und ist für das sogenannte Ulmensterben verantwortlich: Indem er sich in den Fraßgängen ausbreitet, unterbricht er die Saftzirkulation im Baum.

DAS GRÜNE HEUPFERD

SYSTEMATIK

Wissenschaftlicher Name:
Tettigonia viridissima

Ordnung und Familie:
Orthoptera / Heuschrecken & Tettigoniidae / Heupferde

ANDERE NAMEN

Großes Heupferd, Großes Grünes Heupferd, Grüne Laubheuschrecke

MAßE

Größe Männchen: 28–33 mm

Größe Weibchen: 32–35 mm

⭐ Lebensraum

Das Grüne Heupferd springt auf Wiesen und im Strauchdickicht von einem Grashalm oder Zweig zum nächsten.

⭐ Ernährung

Es lebt räuberisch und frisst sogar Insekten, die genauso groß sind wie es selbst. Durch die grüne Farbe gut getarnt, lauert es auf vorbeikommende Beutetiere.

⭐ Lebensweise

Diese früher in Gärten sehr verbreitete Laubheuschrecke ist heute seltener geworden, obwohl sie sich in vergangenen Jahrzehnten einen neuen Lebensraum erschlossen hat: die mit Gras bewachsenen Straßenränder und -böschungen. Wenn sie von Spaziergängern, Autos oder einem Rasenmäher erschreckt wird, fliegt sie mehrere Meter weit, um sich in einem Strauch zu verstecken.

⭐ Fortpflanzung

Eine Paarung im eigentlichen Sinn findet nicht statt: Das Männchen heftet an die Kloake (Darmausgang und Geschlechtsöffnung) des Weibchens ein Spermienpaket, das sich nach und nach in die Kloake des Weibchens entleert. Beim Weibchen befindet sich am Ende des Hinterleibs eine Legeröhre, mit dem es seine 100 bis 150 Eier im Boden ablegen kann, wo sie vor Fressfeinden sicher sind.

Diese Heuschrecke ist so grün wie das Gras, das sie umgibt – und damit perfekt getarnt und für ihre Beutetiere unsichtbar.

Um Weibchen anzulocken, zirpt das Männchen, indem es die Vorderflügel gegeneinander reibt.

Das Weibchen besitzt eine Legeröhre für die Eiablage.

Interessant!

Heuschrecken werden in manchen Teilen der Welt schon seit Langem von Menschen gegessen. Derzeit erleben sie auch bei uns einen Boom, und man kann sie in manchen Supermärkten kaufen – getrocknet oder geröstet.

DIE FELDGRILLE

SYSTEMATIK

Wissenschaftlicher Name:
Gryllus campestris

Ordnung und Familie:
Ortopthera / Heuschrecken & *Gryllidae* / Echte Grillen

Zirpendes Männchen

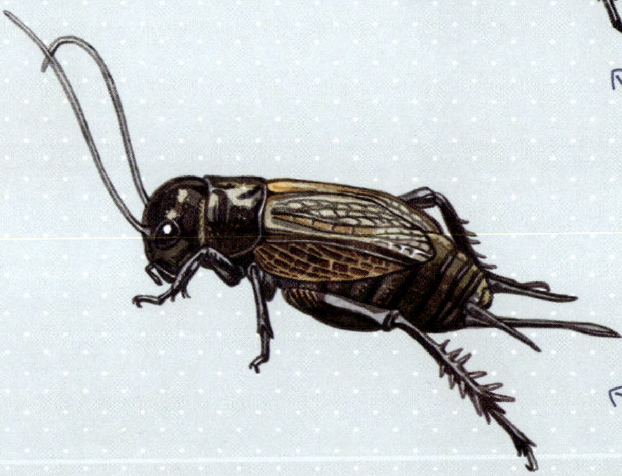

Weibchen

MAßE

Größe: 20–26 mm

Lebensraum

Feldgrillen leben auf Wiesen und Böschungen, in Hecken, auf Feldern, an Waldrändern und Teichufern.

Ernährung

Diese Grillen lieben Gräser sowie deren Samen und Wurzeln, jagen aber auch kleine eiweißreiche Insekten.

Lebensweise

Mit einem langen Grashalm kannst du eine Feldgrille aus ihrer etwa 20 cm langen Erdröhre „herauskitzeln", um sie in Ruhe zu betrachten. Die Flügel der Feldgrille sind zu kurz, als dass sie damit fliegen könnte. Größere Strecken legt sie hüpfend zurück, indem sie mit dem dritten Beinpaar vorwärts schnellt. Mit den kräftigen Mundwerkzeugen gräbt sie ihre unterirdischen Röhren.

Fortpflanzung

Nur das Männchen zirpt, indem es die beiden vorderen Flügel gegeneinander reibt. Auf diese Weise versucht es, Weibchen auf sich aufmerksam zu machen. Sobald das Männchen das Weibchen heranhüpfen hört, zirpt es leiser, damit das Weibchen näher kommt.

Nach der Paarung sucht das Weibchen lockere Erde, um darin mithilfe seiner Legeröhre am Hinterleibsende etwa 200 Eier abzulegen. Einen Monat später schlüpfen die 3 mm langen Larven.

Sie leben in Erdröhren.

Sie haben zwar Flügel, fliegen aber nicht.

Weibchen erkennt man an der Legeröhre.

Die Männchen zirpen, um Weibchen anzulocken.

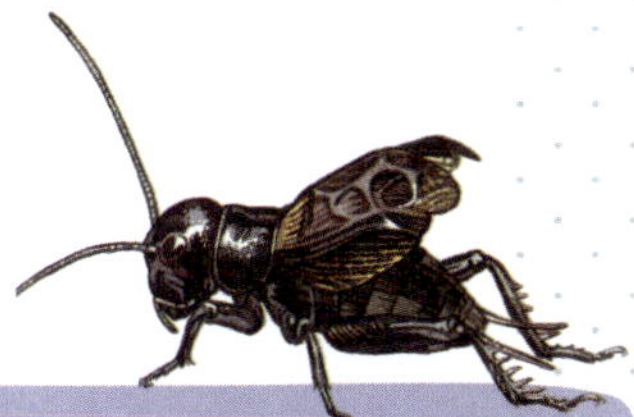

Interessant!

In Japan gelten Grillen als Glücksbringer. Kinder halten sie in kleinen Käfigen aus Holz und Draht.

DER FELDMAIKÄFER

SYSTEMATIK

Wissenschaftlicher Name:
Melolontha melolontha

Ordnung und Familie:
Coleoptera / Käfer & Scarabaeidae / Blatthornkäfer

Engerling

Erwachsener Käfer

ANDERER NAME

Gemeiner Maikäfer

MAßE

Größe: 20–30 mm

★ Lebensraum

Der Feldmaikäfer fühlt sich in Laubwäldern wohl.

★ Ernährung

Der erwachsene Käfer ernährt sich von Blättern und Baumknospen, die Larve (Engerling genannt) hält sich dagegen an die Wurzeln, auf die sie beim Graben ihres unterirdischen Gangs trifft.

★ Lebensweise

Die Fühler gehen in die charakteristische Fühlerkeule über, die beim Männchen 7 Lamellen, beim Weibchen nur 6 Lamellen aufweist. Das ist wichtig, weil sie dem Männchen als „Nase" dient, mit der er die Duftspur von Weibchen aufnimmt.

★ Fortpflanzung

Damit Fressfeinde die Eier nicht finden, gräbt sich das Weibchen für die Eiablage im Boden ein. Die Entwicklung des Engerlings dauert ungefähr 3 Jahre, nach deren Abschluss er sich verpuppt und in einen erwachsenen Käfer verwandelt. Im Spätfrühling fliegen die kräftigen Käfer brummend durch die Nacht, auf der Suche nach Nahrung und einer Partnerin.

Der Feldmaikäfer hat fächerartige Fühler.

Die Larven heißen Engerlinge und fressen Wurzeln.

Die Larven ähneln denen des Goldglänzenden Rosenkäfers.

Die Deckflügel sind rötlich braun.

Interessant!

In vergangenen Jahrhunderten gab es Maikäfer in rauen Mengen. Sie galten als Schädlinge, die ganze Ernten zerstörten. Als es noch keine chemischen Schädlingsbekämpfungsmittel gab, wurden Schulkinder auf die Felder geschickt, um Maikäfer abzusammeln. Weil der Maikäfer ein Frühlingssymbol ist, gibt es ihn zu Ostern auch aus Schokolade. Es gibt sogar ein Lied über ihn: „Maikäfer flieg".

DAS SILBERFISCHCHEN

SYSTEMATIK

Wissenschaftlicher Name:
Lepisma saccharina

Ordnung und Familie:
Zygentoma / Fischchen & Lepismatidae / Schuppenfischchen

ANDERER NAME

Zuckergast

MAßE

Größe: 7–10 mm

Lebensraum

Das nachtaktive Silberfischchen versteckt sich in Küchen, Bädern und anderen von Menschen genutzten Räumen und liebt feuchte Umgebungen. Die drei langen Schwanzanhänge am Hinterleibsende sind Sinnesorgane, mit denen es höhere Luftfeuchtigkeit aufspüren kann.

Es ist ein flügelloses Insekt.

Ernährung

Das Silberfischchen lebt vor allem von Stärke und findet sie unter anderem in Tapetenkleister, in alten, im Keller feucht gewordenen Büchern, in Stoffen und natürlich in Mehl und Zucker – daher sein Spitzname „Zuckergast".

Silbrige Schüppchen bedecken seinen Körper.

Lebensweise

Die Vorfahren der heutigen Silberfischchen traten erstmals vor 400 Millionen Jahren auf der Erde auf, also lange vor den Dinosauriern und uns Menschen. Die ursprünglich in der Laub- und Humusschicht lebenden Insekten erobern unsere Häuser, wo sie Schutz vor rauem Wetter und Nahrung im Überfluss finden.

Das Silberfischchen ist nachtaktiv.

Es frisst gern altes Papier, verrottendes Holz und Hausstaubmilben.

Fortpflanzung

Das Weibchen dieser für den Menschen harmlosen Art legt ungefähr 20 Eier von 1 mm Durchmesser. Die Lebenserwartung von Silberfischchen beträgt 3 Jahre, geschlechtsreif werden sie erst mit 6 Monaten.

Interessant!

Das Silberfischchen besitzt keine Flügel. Den Namen verdankt es seiner silbrig grauen Farbe, dem schuppig wirkenden Körper und seiner Vorliebe für feuchte Orte. Weil es auch Schimmelpilze und Hausstaubmilben frisst, macht es sich im Haushalt sogar nützlich.

DER HIRSCHKÄFER

SYSTEMATIK

Wissenschaftlicher Name:
Lucanus cervus

Ordnung und Familie:
Coleoptera / Käfer &
Lucanidae / Schröter

Männchen

Weibchen

ANDERE NAMEN

Schröter, Hornschröter,
Feuerschröter, Donnergugi

Engerling

MAßE

Größe Männchen: 32–85 mm

Größe Weibchen: 20–50 mm

Gewicht: 3 g

Lebensraum

Am liebsten hält sich der Hirschkäfer in alten Laubwäldern auf, vor allem in Eichenwäldern.

Ernährung

Die erwachsenen Käfer leben von Baumsaft, der aus Wunden in alten Bäumen sickert.

Lebensweise

Wenn das große Männchen fliegt, erinnert es an einen durch den Wald galoppierenden Hirsch. Allerdings besteht das „Geweih" dieses Käfers aus seinen riesigen Mundwerkzeugen. Weltweit gibt es mindestens 900 Arten. Typisch für diese Insektenfamilie sind die Rivalenkämpfe der Männchen um die Weibchen.

Fortpflanzung

Für die Eiablage sucht sich das Weibchen verrottendes Holz. Nach dem Schlüpfen verbringen die Larven 5 bis 6 Jahre unter der Erde und häuten sich 4- bis 5-mal, bevor sie sich verpuppen und zu erwachsenen Käfern werden.

Das Männchen erkennt man an den großen Mundwerkzeugen in Form eines Hirschgeweihs.

Es setzt dieses „Geweih" im Kampf gegen Rivalen ein.

Hirschkäfer fliegen in der Abenddämmerung.

Das Larvenstadium dauert 5 Jahre, mitunter länger.

Interessant!

Hirschkäfer leben 3 bis 6 Jahre im Larvenstadium und nur 1 Monat als erwachsene Käfer.

DER SCHWALBENSCHWANZ

SYSTEMATIK

Wissenschaftlicher Name:
Papilio machaon

Ordnung und Familie:
Lepidoptera / Schmetterlinge & Papilionidae / Ritterfalter

MAßE

Größe: 20 mm

Spannweite: 60–90 mm

Lebensraum

Der Schwalbenschwanz ist auf Wiesen und Feldern sowie in Parks und Gärten anzutreffen.

Ernährung

Der erwachsene Schmetterling ernährt sich von Nektar, nimmt mit dem Saugrüssel aber auch an Gewässerufern Mineralsalze enthaltendes Wasser auf. Die in ihrem letzten Entwicklungsstadium 35 bis 40 mm lange Raupe ist apfelgrün mit schwarzen und orangen Streifen. Man findet sie auf Doldenblütlern wie Fenchel, Möhre und Dill.

Lebensweise

Neben seinem Cousin, dem Segelfalter, ist der Schwalbenschwanz der größte Tagfalter Europas. Er flattert von Blüte zu Blüte. Um deren Nektar zu trinken, schwebt er im Rüttelflug in der Luft oder setzt sich auf die Blütenblätter.

Fortpflanzung

Im Frühjahr umwirbt das Männchen das Weibchen. Nach der wie bei allen Schmetterlingen Rücken an Rücken erfolgten Paarung sucht das Weibchen nach einer geeigneten Futterpflanze für den Nachwuchs und legt unter deren Blättern die Eier ab. Die Raupe verlässt ihre Futterpflanze normalerweise nicht (es sei denn, dass diese leergefressen ist) und verpuppt sich auch auf ihr. Die Puppe hängt dann mit dem Kopf nach oben an einem Stängel, an dem sie mit einem um ihre Mitte verlaufenden Seidenfaden befestigt ist.

Der Schwalbenschwanz ist der größte unserer Tagfalter.

In der Luft flattert und segelt er abwechselnd.

Das Larvenstadium dauert etwa 1 Monat.

Bei Gefahr stülpt die Raupe ihre Nackengabel aus.

Interessant!

Wenn sich die Raupe bedroht fühlt, stülpt sie eine Nackengabel (Osmaterium) aus, die stinkende Buttersäure verspritzt. Daraufhin ergreift jeder Angreifer garantiert die Flucht.

DIE EUROPÄISCHE GOTTESANBETERIN

SYSTEMATIK

Wissenschaftlicher Name:
Mantis religiosa

Ordnung und Familie:
Mantodea / Fangschrecken & Mantidae / Fangheuschrecken

MAßE

Größe Männchen: 42–61 mm

Größe Weibchen: 48–75 mm

Spannweite: 50 mm (Männchen) bis 75 mm (Weibchen)

★ Lebensraum

Von Juli bis November sucht die Gottesanbeterin sonnige Stellen auf Wiesen, Feldern und Brachen auf, um im hohen Gras oder zwischen Sträuchern auf Beute zu lauern.

Sie ist grün, braun oder gelblich grau gefärbt.

★ Ernährung

Sie ist ein Raubinsekt und erkennt alle Beutetiere in bis zu 18 m Entfernung. Blitzschnell schlägt sie zu und packt das Opfer mit den beiden Vorderbeinen.

★ Lebensweise

Die Europäische Gottesanbeterin ist die einzige in Deutschland heimische Fangschreckenart. Sobald sie eine Amsel, eine Eidechse oder einen anderen Fressfeind entdeckt, geht sie in Drohhaltung: Sie hebt das vorderste Beinpaar an und erzeugt durch Reiben der Flügel gegen den Hinterleib ein sirrendes Zirpen. Wenn das den Angreifer nicht vertreibt, spreizt sie ihre vier Flügel, um größer zu erscheinen.

Die Oothek umgibt die Eier wie ein Kokon.

★ Fortpflanzung

Bei der Paarung kann es vorkommen, dass das Weibchen anschließend das Männchen auffrisst. Danach legt es eine 300 bis 400 Eier enthaltende Oothek (Eibehälter) von 4 cm Länge und 2 cm Breite auf einem Stein oder einem Ast ab. Die Larven haben keine Flügel, aber einen ebenso großen Appetit wie ihre Eltern.

Mitunter frisst das Weibchen nach der Paarung das Männchen.

Interessant!

Weil dieses Insekt das vordere Beinpaar in Ruhestellung vor der Brust faltet und dadurch aussieht, als würde es beten, erhielt es diesen Namen.

DIE GEMEINE STECHMÜCKE

SYSTEMATIK

Wissenschaftlicher Name:
Culex pipiens

Ordnung und Familie:
Diptera / Zweiflügler & Culicidae / Stechmücken

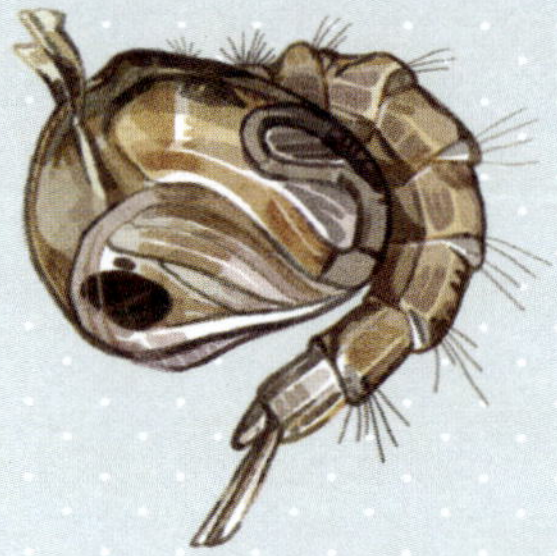

Puppe

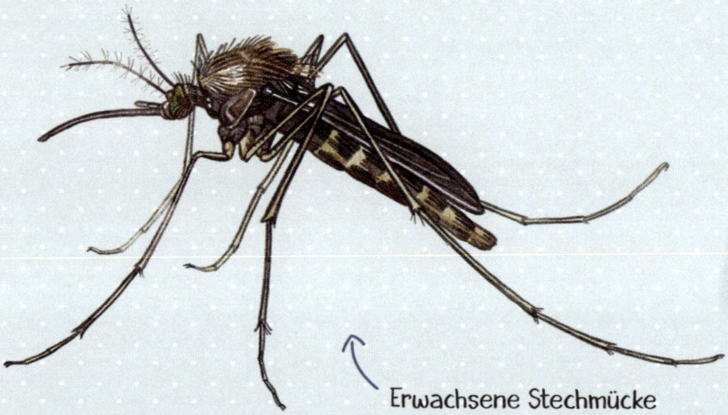

Erwachsene Stechmücke

ANDERE NAMEN

Mücke, Moskito, Gelse, Staunze, Stanze, Schnake

MAẞE

Größe: 4,5–6 mm

Gewicht: 2,5 mg

Larve

Lebensraum

Stechmücken leben an feuchten Orten und vor allem dort, wo es stehendes Wasser gibt.

Ernährung

Nur das Weibchen sticht Säugetiere und Vögel und ernährt sich von deren Blut. Das an seinen fedrigen Fühlern erkennbare Männchen lebt von Nektar und dem Saft überreifer Früchte. Die Larve jagt Mikroorganismen, etwa winzige Krebstiere wie Daphnien und Hüpferlinge.

Wenn eine Mücke dich sticht, ist es ein Weibchen.

Lebensweise

Die Gemeine Stechmücke fliegt mit einer Geschwindigkeit von 1,6 bis 2,4 km/h und entfernt sich durchschnittlich 100 m bis 5 km weit von ihrem Standort. Das Weibchen braucht Blut, um in seinem Hinterleib Eier zu bilden. Seine Opfer findet es, indem es deren Körperwärme, das Kohlendioxid in ihrer ausgestoßenen Atemluft, den Geruch ihres Schweißes und ihre Bewegungen wahrnimmt.

Das Mückenweibchen braucht das Blut für die Entwicklung seiner Eier.

Mücken lieben stehendes Wasser.

Fortpflanzung

Nach der Paarung legt das Weibchen seine Eier als schwimmende Masse auf einer Wasseroberfläche ab. Die Larve ist mit einer Atemöffnung am Hinterleibsende ausgestattet, die wie ein Schnorchel funktioniert. Sie hängt kopfüber unterhalb der Wasseroberfläche und atmet durch diesen „Schnorchel". Später wird sie zu einer ebenfalls im Wasser lebenden Puppe und verlässt nach dem Schlupf als erwachsene Mücke das Wasser.

Weltweit gibt es 3500 Mückenarten, 105 davon leben in Mitteleuropa.

Interessant!

18 Monate lang soll eine Mücke in einem Behälter überlebt haben, der außen an der internationalen Weltraumstation ISS angebracht war!

DIE BLAUFLÜGELIGE ÖDLANDSCHRECKE

SYSTEMATIK

Wissenschaftlicher Name:
Oedipoda caerulescens

Ordnung und Familie:
Orthoptera / Heuschrecken & Acrididae / Feldheuschrecken

Ausgebreitete Flügel

Geschlossene Flügel

MAẞE

Größe Männchen: 15–21 mm

Größe Weibchen: 22–28 mm

Spannweite: 20–25 mm

★ Lebensraum

Die Blauflügelige Ödlandschrecke hält sich gern an sonnigen Orten auf. Dazu zählen Kiesgruben, Dünen, Rasen, Heide, Geröllfelder, Stadtfriedhöfe, das Gleisbett von Schienen und „ödes Land", also spärlich bewachsene Brachen.

★ Ernährung

Sie ist eine fast nur vegetarisch lebende Heuschrecke mit einer starken Vorliebe für Süßgräser (und damit auch für Getreide).

★ Lebensweise

Die hübsche Ödlandschrecke mit den blauen Hinterflügeln ist sowohl in Europa als auch in Nordafrika und Asien verbreitet und überall dort zu Hause, wo es sonnig und trocken ist und verhältnismäßig wenig Pflanzen wachsen. Hier hat sie es nicht nur schön warm, sondern ist mit ihrem graubraun marmorierten Körper auch ausgezeichnet getarnt.

★ Fortpflanzung

Das Männchen lockt das Weibchen durch Zirpen an, das es durch Reiben seiner Beinschienen gegen seine Vorderflügel erzeugt. Nach der Paarung legt das Weibchen seine Eier auf dem Boden ab.

Diese Heuschrecke liebt warme sonnige Orte.

Am Boden ist sie durch ihre Färbung gut getarnt.

Die Hinterflügel sind blau mit schwarzer Querbinde.

Die Deckflügel sind graubraun marmoriert.

Interessant!

Das graubraune vordere Flügelpaar, die Deckflügel, liegt im Ruhezustand auf dem hinteren leuchtend blauen Flügelpaar. Diese Heuschrecken können sehr weit springen. Wenn ein Vogel eine Blauflügelige Ödlandschrecke fangen will, springt sie und entfaltet dabei die Flügel, um sie nach der Landung sofort wieder zusammenzufalten. Der Vogel erinnert sich an eine „blaue" Beute und kann das graubraune Insekt am Boden nicht wiederfinden.

DER GEMEINE OHRWURM

SYSTEMATIK

Wissenschaftlicher Name:
Forficula auricularia

Ordnung und Familie:
Dermaptera / Ohrwürmer & Forficulidae / Eigentliche Ohrwürmer

ANDERER NAME

Ohrenkneifer

MAßE

Größe: 14–23 mm

Lebensraum

Der Ohrwurm versteckt sich in Wäldern, Gärten und Parks unter altem Laub, zwischen Felsen und in verrottendem Holz.

Ernährung

Im Garten ist er gern gesehen, denn er frisst Blattläuse in rauen Mengen. Doch wenn diese knapp werden, macht er sich auch über die Blätter und Blüten mancher Pflanzen her, etwa Rosen.

Lebensweise

Beim Männchen ist die Zange am Hinterleibsende groß und wie ein C geformt, beim Weibchen ist sie kleiner und verläuft gerade. Zwar kann der Ohrwurm auch fliegen, aber er tut es nicht gern.

Fortpflanzung

Dies ist eines der wenigen Insekten, bei dem die Weibchen einen „Mutterinstinkt" besitzen. Während bei den meisten Insekten die Fürsorge für den Nachwuchs mit der Eiablage endet, beschützt das Ohrwurm-Weibchen seine Eier und leckt und wendet sie regelmäßig, damit sie nicht schimmeln. In der ersten Zeit nach dem Schlüpfen kümmert es sich auch um die Larven.

Beim Männchen ist die Zange kräftiger entwickelt als beim Weibchen.

Die Art ernährt sich von kleinen Insekten und Pflanzen.

Das Weibchen umsorgt Eier und Larven.

Für den Menschen ist der Ohrwurm harmlos.

Interessant!

Der Ohrwurm ist vollkommen harmlos und hat es auch nicht auf unsere Ohren abgesehen: Er will weder hineinkrabbeln noch kneifen.

DIE FRÜHE ADONISLIBELLE

SYSTEMATIK

Wissenschaftlicher Name:
Pyrrhosoma nymphula

Ordnung und Familie:
Odonata / Libellen & Coenagrionidae / Schlanklibellen

ANDERER NAME

Frühe Adonisjungfer

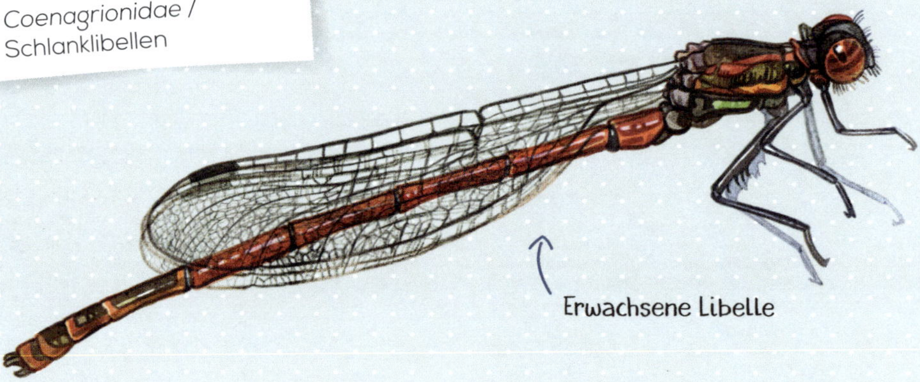

Erwachsene Libelle

MAẞE

Größe: 29–34 mm

Spannweite: 45 mm

Larve

Lebensraum

Die erwachsene Libelle jagt kleine Mücken und Fliegen. Die im Wasser lebende Larve besitzt eine sogenannte Fangmaske. Diese besteht aus der stark verlängerten Unterlippe, die mit 2 klauenartigen Zähnchen bewehrt ist. Im Ruhezustand ist sie unter dem Kopf zurückgebogen. Zeigt sich eine Beute, schnellt die Fangmaske vor.

Lebensweise

Die Larven dieser Art verbringen 8 Monate bis 3 Jahre im Wasser und nur 1 Monat im Erwachsenenstadium. Im Wasser bewegt sich die Larve nach dem Rückstoßprinzip, indem sie aus dem Hinterleib kleine Wassermengen ausstößt. Die erwachsene Adonislibelle bringt es auf 30 Flügelschläge pro Sekunde!

Fortpflanzung

Von Mai bis Oktober kommt es zu Paarungen, bei denen das Männchen mit einer Zange am Hinterleibsende das Weibchen packt. Daraufhin biegt das Weibchen reflexartig seinen Hinterleib, sodass dessen Ende die Geschlechtsorgane des Männchens berührt. Das Libellenpaar wird dabei zu einem herzförmigen Umriss. Auch während der Eiablage auf Wasserpflanzen lässt das Männchen sein Weibchen nicht los.

Man begegnet ihr an Wasserläufen und Teichen.

Ihre Augen sind rot.

Der Hinterleib ist rot mit schwarzen Zeichnungen.

Sie jagt kleine Insekten in der Luft.

Interessant!

Aus bis zu 30 000 Einzelaugen besteht das Facettenauge einer Schlanklibelle. Diese hoch sensiblen Augen ermöglichen ihr die akrobatischen Flugkunststücke, die sie auf der Jagd nach Beute oder beim Verfolgen eines Partners vollführt. Übrigens fängt sie ihre Beute in 90 Prozent der Fälle.

DER KLEINE FUCHS

SYSTEMATIK

Wissenschaftlicher Name:
Aglais urticae

Ordnung und Familie:
Lepidoptera / Schmetterlinge & *Nymphalidae* / Edelfalter

ANDERER NAME

Nesselfalter

MAẞE

Größe: 15–18 mm

Spannweite: 40–49 mm

Lebensraum
Der Kleine Fuchs lebt auf Wiesen, in Parks und in Gärten.

Ernährung
Der erwachsene Schmetterling ernährt sich von Blütennektar und dem Saft überreifer Früchte. Die Futterpflanze der schwarz-gelb gestreiften Raupe ist die Große Brennnessel. Wenn man im Garten also Raupen und ihre Entwicklung zum Schmetterling beobachten will, sollte man in einem Eckchen ein paar Brennnesselpflanzen stehen lassen. Offenbar schmeckt die Raupe des Kleinen Fuchs schlecht, denn Vögel fressen sie nicht.

Lebensweise
Der Kleine Fuchs überwintert im Erwachsenenstadium und erträgt Temperaturen von bis zu -24 °C.

Fortpflanzung
Sobald der Winter vorbei ist, findet die Paarung statt. Anschließend sucht das Weibchen Brennnesseln auf und legt an der Unterseite der Blätter Ansammlungen gerillter flaschengrüner Eier ab. Die Raupen schlüpfen alle gleichzeitig und häuten sich auf ihrer Futterpflanze.

Die Flügel sind an der Oberseite sehr bunt, um Fressfeinde abzuschrecken.

Tarnung: Die Unterseite der Flügel wirkt wie Rinde und altes Laub.

Die erwachsenen Schmetterlinge überwintern.

Die Raupen leben von Brennnesseln.

Interessant!
Die Flügel sind an der Unterseite rußschwarz. Wenn der Kleine Fuchs sie in Ruhestellung zusammenfaltet, sieht er wie ein vertrocknetes Blatt aus. Sobald er sie jedoch ausbreitet, fallen sie Spaziergängern mit ihren leuchtend orangen, gelben und schwarzen Feldern und den blauen Rändern sofort auf.

DER PINIEN-PROZESSIONSSPINNER

SYSTEMATIK

Wissenschaftlicher Name:
Thaumetopoea pityocampa

Ordnung und Familie:
Lepidoptera / Schmetterlinge & Notodontidae / Zahnspinner

MAßE

Größe: 20 mm

Spannweite: 35–40 mm

Lebensraum

Der Pinien-Prozessionsspinner bevorzugt Nadelwälder. Er stammt aus dem Mittelmeerraum und der Atlantikküste der Iberischen Halbinsel, breitet sich jedoch seit einiger Zeit in Richtung Nordfrankreich, Schweiz, Niederösterreich und Balkan aus.

Ernährung

Die Raupe frisst ausschließlich die Nadeln von Kiefern und Zedern.

Lebensweise

Die Raupen sind gesellig und besitzen ab der dritten Häutung Brennhaare. Wenn sie in großer Zahl auftreten, schädigen sie die Nadelbäume stark.

Fortpflanzung

Nach der Paarung legt das Weibchen auf den Baumnadeln gerade ausgerichtete Eipakete ab. Aus diesen schlüpfen die nachtaktiven Raupen. Den Winter verbringen sie in einem gemeinsamen, aus gesponnenen Seidenfäden hergestellten Nest, das wie ein riesiger Kokon aussieht. In der Zeit von Februar bis Mai kriechen die Raupen in langen Reihen an den Baumstämmen hinunter, um sich im Boden zu verpuppen. Im Laufe des Sommers (Juni bis September) kommen die erwachsenen Schmetterlinge in der Abenddämmerung zum Vorschein.

Die Raupen wandern wie in einer Prozession hintereinander – daher der Name.

Sie besitzen Brennhaare, die bei Menschen allergische Reaktionen hervorrufen können.

Die Raupen fressen Piniennadeln und zerstören ganze Wälder.

Im Erwachsenenstadium leben sie nur wenige Tage.

Interessant!

„Prozessionsspinner" heißt diese Unterfamilie von Schmetterlingen deshalb, weil die Raupen auf der Futtersuche in langen Reihen wandern. Vielleicht wirken sie dadurch wie eine Schlange – die meisten Vögel meiden sie jedenfalls. Nur Meisen, der Kuckuck und einige andere Vogelarten fressen sie.

DER TOTENKOPFSCHWÄRMER

SYSTEMATIK

Wissenschaftlicher Name:
Acherontia atropos

Ordnung und Familie:
Lepidoptera / Schmetterlinge & Sphingidae / Schwärmer

Erwachsener Schmetterling

Raupe

MAßE

Größe: 50–55 mm

Spannweite: 90–130 mm

Lebensraum

Dieser nachtaktive Schmetterling besucht Felder, Wiesen und andere Grünflächen auf dem Land.

Ernährung

Er ist derartig wild auf Süßes, dass er sogar in Bienenstöcke eindringt, um Honig zu stehlen. Das gelingt, weil er denselben Duft wie die Bienen hat, sodass sie ihn nicht als Eindringling wahrnehmen. Die 120 mm lange gelbe, grüne oder braune Raupe trägt am Hinterleibsende ein mit kleinen Stacheln besetztes Horn, das Analhorn. Sie ernährt sich von Blättern der Nachtschattengewächse.

Lebensweise

Der Totenkopfschwärmer ist der größte europäische Schwärmer und legt ähnlich wie Zugvögel regelmäßig weite Strecken zurück. Er überwintert in Nordafrika und fliegt im Frühjahr nach Europa. Bei Gefahr stößt er einen hohen Pfiff aus, indem er Luft durch seinen Saugrüssel presst.

Fortpflanzung

Die Paarung findet nach einer sehr komplizierten Balz statt. Danach sucht das Weibchen eine Pflanze aus der Familie der Nachtschattengewächse, um die Eier abzulegen. Nach dem Schlüpfen frisst die Raupe 5 bis 6 Wochen lang Blätter, bevor sie sich in die Erde eingräbt und in einem Kokon aus Erde verpuppt. Darin bleibt sie 3 Wochen bis 2 Monate und kriecht schließlich als erwachsener Schmetterling aus der Erde.

Er ist ein nachtaktiver Schmetterling (Nachtfalter).

Der Fleck auf seinem Halsschild erinnert an einen Totenkopf.

Er liebt Honig!

Die Raupe besitzt am Hinterleibsende ein Analhorn.

Interessant!

Der unregelmäßige weiße Fleck auf dem Halsschild des erwachsenen Totenkopfschwärmers erinnert an einen Totenkopf. Das ist der Grund für seinen Namen und auch dafür, dass er in vielen Gruselgeschichten auftaucht, wie etwa in Bram Stokers Schauerroman *Dracula*.

DIE HORNISSEN-SCHWEBFLIEGE

SYSTEMATIK

Wissenschaftlicher Name:
Volucella zonaria

Ordnung und Familie:
Diptera / Zweiflügler & Syrphidae / Schwebfliegen

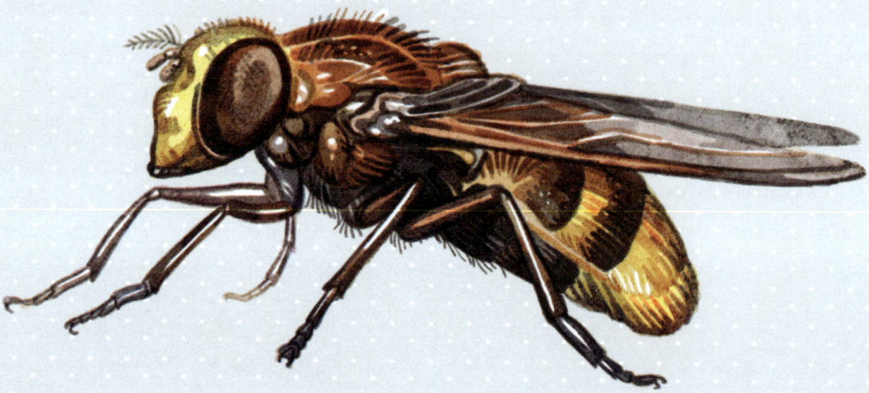

MAßE

Größe: 20–25 mm

Spannweite: 23–24 mm

Lebensraum

Die Hornissenschwebfliege fühlt sich auf Feldern und Wiesen ebenso wohl wie am Waldrand und an Gewässerufern.

Ernährung

Sie mag alle möglichen süßen Säfte, also sowohl den von Blattläusen abgesonderten Honigtau als auch Nektar oder Saft, der aus überreifen Früchten sickert.

Lebensweise

Wie alle Schwebfliegen besitzt sie die erstaunliche Fähigkeit, durch sehr schnelles Flügelschwirren längere Zeit an ein- und derselben Stelle in der Luft zu „stehen".

Fortpflanzung

Das Weibchen legt seine Eier in Hornissennestern ab. Nach dem Schlüpfen ernährt sich die stachelige Larve von Hornissenlarven. Wenn es Winter wird, gräbt sie sich im Boden ein und verpuppt sich. Im Frühjahr kommt die erwachsene Hornissenschwebfliege aus dem Boden und stillt ihren Hunger mit Nektar und süßen Säften.

Sie ähnelt einer Hornisse, ist aber eine harmlose Fliege!

Man trifft sie häufig in der Nähe von Hornissennestern an.

Das Weibchen legt seine Eier in einem Hornissennest ab.

Die Larve gräbt sich im Herbst in den Boden ein und verpuppt sich.

Interessant!

Perfektes Mimikry: Diese große gelb und schwarz gestreifte Schwebfliege sieht einer Hornisse zum Verwechseln ähnlich. Kein Vogel wagt es, sie zu fressen.

IMPRESSUM

Illustrationen: Maud Bihan

Für die Originalausgabe:

ISBN: 978-2-8153-1339-1

Programmleitung: Guillaume Pô
Redaktionsleitung: Élisabeth Pegeon
Redaktion: Frédérique Chavance
Künstlerische Leitung: Julie Mathieu
Satz: Véronique Sommeilly

Übersetzung aus dem Französischen: Cornelia Panzacchi
Lektorat: Lektorat plus, Berlin
Satz: Dirk Brauns
Coveradaption: Beate Lennartz

Gesamtherstellung: Ullmann Medien GmbH,
Rolandsecker Weg 30, 53619 Rheinbreitbach
ISBN 978-3-7415-2466-0

10 9 8 7 6 5 4 3 2 1

www.ullmannmedien.com

FSC
www.fsc.org
MIX
Papier aus verantwortungsvollen Quellen
FSC® C129466